忘れえぬ人びと

目次

第一部　忘れえぬ人びと

第二部　ヘルマン・ヘッセ

第一部　忘れえぬ人びと

磐瀬太郎　蝶研究の偉大な指導者

アマチュアの蝶研究の偉大な指導者、磐瀬太郎先生の名をはじめて知ったのは、一九五〇年、中学三年のときであった。当時私は栃木県の北東部のはずれ、八溝山の麓にある伊王野という村（現在は那須町）の中学校に通っていた。（國民学校二年の終わりに栃木県の親園村に疎開し、終戦後も居続け、中学二年のとき伊王野に転居した。）私が蝶の採集や飼育に熱中していることを知った担任の先生が、同じ中学校の先輩で、兄弟で蝶や蜂の研究をしておられた薄葉重《しげし》[1]さん、薄葉久[2]さんの家へ連れて行ってくれた。弟の久さんは不在であった。東京教育大学の学生で、「昆虫愛好会」に所属し、「インセクト」という同好会雑誌を編集しておられた兄の重さんは、ダイミョウセセリやコチャバネセセリの生態を図解入りで教えてくださり、また日本鱗翅学会会長磐瀬太郎先生の話をされ、先生からのお手紙や、先生の書かれた『日本産蝶類生活史覚書』（宝塚昆虫館報）という数冊からなる小冊子を見せてくださった。私はその小冊子をお借りして帰り、何日もかけてノートに写した。それまで蝶の幼虫を飼育しても、興味本位に眺めて、自己流の記録しかつけていなかった私にとって、これははじめて接する学術書であり、大変参考になった。

磐瀬先生に実際にお目にかかったのは、大学生のときであった。高校生のなかば頃から蝶に対する情熱が次第に薄れて、文学に関心をもつようになった私は、大学ではドイツ文学を専攻していた。

一九五八年の五月三日、当時大学生であった私は、生家東京赤羽の普門院の境内で、きわめて新鮮なウラナミシジミの雌を採集した。ウラナミシジミ *Lampides boeticus* は、表面が淡い紫色で、裏面が和名のように白地に薄茶色の波模様のあるシジミチョウで、後翅に細い尾状突起がある。温暖な地域に生息する南方系の蝶で、幼虫はマメ科植物の蕾や花や果実を食する。成虫は、北へ北へと飛んでゆき、食草である豆科食物、特にフジマメの花・実を好み、そこに卵を産みつけ、短期間に世代交代して、新成虫がまた北へ飛んでゆく。しかし、越冬できる北限は房総半島南端であり、それ以北の地域では越冬できずに死滅してしまう。それにもかかわらずなぜ北へ北へと飛んでゆくのか？　また、こんな小さな蝶が長距離飛行できるようになったのは、人間が改良した栄養豊富な豆を食べるようになったことと関係があるのか？　等々がその頃論議の的になっていた。

当時磐瀬先生は、雑誌「新昆虫」（北隆館）等を通して、このウラナミシジミの調査を全国の同好者に呼びかけておられた。この蝶は、東京では例年ならば七月下旬頃にならないと姿を現さなかった。五月初めというのは異常に早い記録と思われたので、私は磐瀬先生にハガキを出

チョウ話会おしらせ

本年も左記の要領で、シンポジウムを開きます。今回はチョウ生態研究の将来の指針となるような、体系化要綱についての試案を講師から示して頂き、みなさんと共に考えて見たいと存じます。（会費不要）

とき　三月廿六日（日）　一時（厳守）より、四時まで
ところ　東大赤門脇　学士会館　三号室（電、九二一～五、四八三）
講師　日浦　勇氏（大阪市立自然科学博物館）
　　　葛谷　健氏（東京大学医学部　大学院）
司会　日高敏隆氏（東京農工大学農学部　昆虫学研究室）

右の方々には十一時頃からおいで頂き、昼食を共にしながら歓談する予定です。みなさんのご参加も歓迎致します。（ランチ一〇〇円より）
なお、会場の都合もありますので、出欠を二月二十八日までにご返事下さい。
（電　九二一～七、六三五）

一九六一年二月八日

磐瀬太郎

チョウ話会ご案内

三月二十六日の会合にご出席下さる由、厚くおん礼申上げます。当日会場は午前九時から開いて居り、講師の方々にも十一時頃にご参集お願いしてありますから、お差つかえない方は、早くからご来場下さい。その際ご自慢の標本、文献などのご披露も歓迎致します。シンポジウムは一時シャープに始めます。

一九六一年三月十日

磐瀬太郎

阿江、朝比奈、原、平野、林（久）、石黒、木宮
久保、町村、前田、三原、中島、根本、野口、岡田
大蔵、大塚、鈴木、白水、高橋、高倉、堤（ABC順）
各位殿

チョウ話会の案内

した。すると、「電報より早い」という評判通り、先生から早速お返事が来た。その標本をぜひ見たい、ということなので、私はすでに展翅してあったその蝶を、生乾きのまま小箱に移して、湯島にあった蔦のからまる磐瀬先生のお宅へ伺った。先生は大変喜んでくださり、その標本が新鮮なので、近くで発生した可能性があり、東京では珍しい記録であると認めてくださった。そしてそれまでに判明したウラナミシジミに関する興味深い話をいろいろ聞かせてくださったり、私の、蝶に情熱を傾けていた頃の話を楽しそうに聞いてくださったりした。おいとまをするときに、「さまよえるウラナミシジミ」「津軽海峡を渡ったウラナミシジミ」等の抜刷をいただいた。また先生は、東大赤門横の学士会館で毎月開かれていた「チョウ話会」にぜひ出席するようにとすすめてくださった。

その会にはじめて出席した日、二十分ほど早く着いてしまったが、すでに先生はお見えになっていた。先生はレモンティーを二つ注文して、その日出席される予定の人たちのことを話してくださった。レモンティーが届くと、先生はスプーンの上に置かれたレモンの端を指でつまんで紅茶に浸し、浸したまま三、四度揺するようにしてからレモンをお皿に戻した。その動作がじつに上品であった。

「こうすると苦くならなくておいしいですよ」

と先生は私の方を見ておっしゃった。その通りにしてみると、それで十分香りと酸味がのって、紅茶はとても美味しかった。これはほんの一例にすぎないが、先生はよくこんなふうにさりげなくいろいろなことを教えてくださった。マナーや常識を知らない者に対しても、相手に恥をかかせるようなことは、先生は決してなさらなかった。

「チョウ話会」には、私は二回出席しただけで、行かなくなってしまった。当時私は蝶の採集や飼育から遠ざかっていたため、あまり話題もなく、ほかの出席者たちの話に恐れをなしたためであったと思う。しかし、先生のお宅へはその後も何度かお訪ねした。先生はいつも笑顔で迎えてくださり、蝶に関して最新の情報を教えてくださった。

家の菜園に磐瀬先生から送っていただいたフジマメの種をまいて、ウラナミシジミの飛来を観察することにしたが、自分でも忘れていた先生にお出しした手紙のほぼ全文が、磐瀬先生の「観察ノート」に記されていたことがわかって驚いた。これは、『磐瀬太郎集I II』(築地書館)

出版のために磐瀬先生の遺稿を整理されたお一人、久保快哉氏がコピーをお送りくださったのである。以下はその引用。

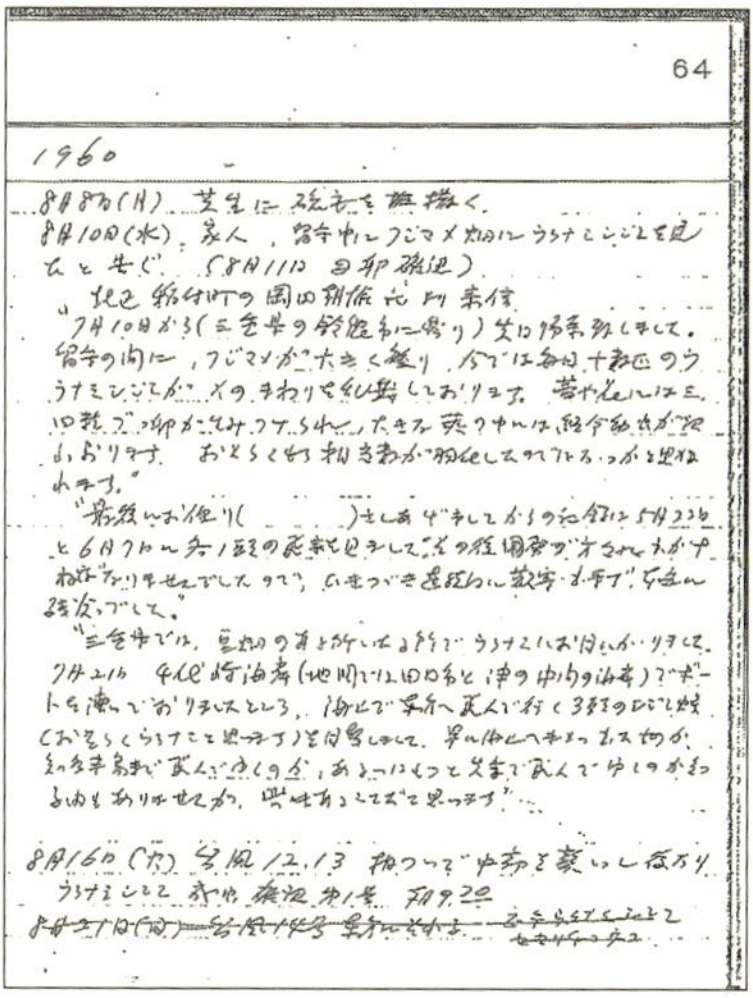

観察ノート

1960年8月10日（水）　家人、留守中にフジマメ畑にウラナミシジミを見たと告ぐ。（8月11日2卵確認）

北区稲付町の岡田朝雄氏より来信。

「7月10日から（三重県鈴鹿市に参り）先日帰京致しました。留守の間に、フジマメが大きく繁り、今では毎日十数匹のウラナミシジミがそのまわりを乱舞しております。蕾や花には三、四粒ずつ卵が産みつけられ、大きな莢の中には終齢幼虫が沢山おります。おそらくもう相当数が羽化したのではないかと思われます。

最後にお便りさしあげましてからの記録は5月22日と6月7日に各一頭の飛来を見ました。その後用事で方々へ出かけねばなりませんでしたので、ひきつづき連続的に観察できず、残念でした。

　三重県では、豆畑のある所いたる所でウラナミにお目にかかりました。7月21日、千代崎海岸（地図では四日市と津の中間の海岸）でボートを漕いでおりましたところ、海上で東方へ飛んでゆく3頭のシジミチョウ（おそらくウラナミと思います）を目撃しました。単に海上へまよい出たものか、知多半島まで飛んでゆくのか、あるいはもっと先まで飛んでゆくのか知るよしもありませんが、興味あることだと思います」（原文横書き）

あるとき、先生は私がドイツ文学を専攻していることを知って、旧制静岡高等学校時代のドイツ語の先生の話をされた。その先生は、偶然にもそのときの私の恩師櫻井和市先生であった。

「日本じゅうで一番こわい先生」

ということで私たちの意見は一致し、話が弾んだ。

またあるとき、先生は書斎から一冊の本を出してきて私に手渡され、

「これを読んでみてください。そして興味があったら翻訳してみませんか」

と言われた。それは、あの厖大な『世界大型鱗翅類図譜』の編著者アーダルベルト・ザイツの『博物学者世界採集旅行記』“Als Naturforscher durch alle Erdteile”という本であった。

先生は一九七〇年二月二十八日に亡くなられた。雪の日であった。三月四日、上野の寛永寺で告別式が行われたが、その日も雪が降った。

『博物学者世界採集旅行記』は、お返しする機会も、翻訳する機会もないまま、今も私の本棚にある。なお、この書の「日本」の章のもとになったと思われる文章を、江崎悌三博士が訳しておられる。[3]

一九八六年、私は写真家の松香宏隆氏と共著で、『蝶の入門百科』(朝日出版社)というまるでその道の大家が書くような題名の本を出版した。その中の「蝶の魅力」の一章「蝶の飼育」の一部に、磐瀬太郎先生のことと、先生の言葉を引用させてもらった。少し長くなるが、その部分を再掲して、この小文の結びとしたい。この書はごく一部の蝶の愛好家に読まれただけで、絶版になってしまったので、愛好家以外の方にも読んでいただきたいと思ったからである。以下は『蝶の入門百科』25〜28頁からの引用である。

磐瀬太郎

わが国の蝶の研究は、全国各地の若いアマチュアの蝶愛好家によっておしすすめられてきた。蝶の学会である日本鱗翅学会の会員一八〇〇名のうち、九〇パーセント以上がアマチュアで占められていることが、何よりもこの事情を物語っている。特に戦後の十年間は、蝶の生活史解明の全盛時代で、沖縄復帰以前の日本産の蝶一八〇種のうち、ヒサマツミドリシジミをのぞいた全種の生活史がこの時期に解明されてしまった。これは特筆大書されてよいことで、アマチュアが学問にこれほど貢献した例はおそらくほかにないであろう。これによって、日本の虫屋は一挙に世界的水準に達した。

このときの偉大な指導者が、やはりアマチュアの蝶愛好家で、のちの日本鱗翅学会会長、磐瀬太郎氏であった。磐瀬氏は病身で、自らは野外に出て研究することができなかったが、全国の若い蝶愛好家に、大学生から高校生、中学生にいたるまで、はがきを出したり資料を送ったりして、その土地でなければ行えない蝶の研究を呼びかけたり調査を依頼したりした。偉い先生からはがきをもらった若い人たちの感激はいかばかりであったろう。若い人たちからの質問や報告に対して、磐瀬氏は必ずていねいな返事を書いた。質問に対しては適切な答えやヒントを与え、すぐれた観察や発見に対してはおしみない賞讃の言葉を贈った。しかもそのはがきは「電報より速い」ことで有名であった。また磐瀬氏は、機会あるごとに雑誌や地方の同好会誌等に興味深い啓発的な文を投稿したり、談話会をひらいたりした。気負った若者も、無知ゆえに誤りをおかした者も、常識のない者も、氏に接しているうちにみずから気づいて恥ずかしくなり、改めずにはいられなくなる――磐瀬太郎氏はそういうたぐいまれなすぐれた教育者であった。あの物資の乏しい戦後の混乱時代、若者たちは氏を心の支えとし、氏に認められ、ほめられることに何よりの誇りとよろこびを感じつつ、蝶の生活史解明に若き青春の血をたぎらせたのである。

こうして、クロシジミ、スギタニルリシジミ、ヤクシマルリシジミ、サツマシジミ、キマダラルリツバメ等、難物と思われた蝶の生活史が、高校生や大学生の手で、つぎつぎに解明されていった。ともすれば名誉欲にからむみにくい争いが起こりがちなこうした発見・解明競争で何ごとも起こらなかったのも磐瀬先生のすぐれた指導力のおかげであったと思う。「人間ひとりが一生に観察し、実験しうる範囲はしれたものである。秘密主義を排し、手がかりをつかんだら仲間に知らせよう。ヒントや知識は教え合おう。そしてたくさんの目で新事実を発見し、新しい考え方を育てよう」

磐瀬氏は一貫してこの態度を守りつづけた。全国のすべての情報はすべて磐瀬氏に結集し、磐瀬氏から全国に伝えられた。「ウラナミシジミの移動調査」は全国の愛好家が協力して一つのテーマに取り組んだ注目すべき研究体制であった。電話も普及していなかったあの時代に、何よりも情報の価値を重んじ、それを十二分に活用し、大きな成果をもたらした磐瀬氏は、まさに時代を二、三十年先どりした先駆者であったといえよう。

市販されている蝶や昆虫の雑誌が四種類も刊行され、内外の蝶の豪華な大図鑑がつぎつぎに刊行され、数えきれないほどの蝶に関する書物が出版される現在は、未曾有の蝶ブームなのかもしれない。しかしなぜか虫屋にあの頃のような情熱もまとまりも見られない。マスコミに言いたい放題のデタラメを言われても、市町村単位で勝手に決める採集禁止のしめつけにあっても、堂々とそれに立ち向かおうとする人はほとんどいない。磐瀬太郎氏が健在であれば、虫屋がこんな肩身の狭い思いをすることは決してなかったであろう。

磐瀬氏はアマチュアの虫屋の最もよき理解者であり、最も強力な味方であった。氏を失った

やどりが　磐瀬太郎　追悼号

ことは、アマチュアの虫屋にとって非常に残念なことである。日本鱗翅学会の機関誌「やどりが」の「磐瀬太郎会長追悼特別号」は、感動の涙なしには読めぬ、たぐい稀な美しい人間記録だと思う。

氏の教えを受けた人たちの中から蝶の研究面だけでなく、なによりもアマチュア虫屋の心を愛した磐瀬太郎の真の後継者は生まれてこないのだろうか。今の時代にますます光を放つと思われる氏の二十年前、三十年前の言葉をいくつか読んでいただきたい。

……昆虫学というものの特殊な立場もありましょう、また、ロンドン昆虫学会などというものを頭に浮かべているせいもありましょう、昆虫学会というものの理想は、虫好きのムシ屋の集まりであるべきだと思われるのです。今の昆虫学会の前身の東京昆虫学会、さらにその前の第一次東京昆虫学会などの設立過程を調べると、それはたぶんに虫好きのムシ屋の集まりであったらしいのです。日本昆虫学会というと、むずかしい学者の集まりのようで、同好会より雲をへだてた象牙の塔のように思われがちですが、そう思ったのもまちがい、そう思わせたのもまちがいで、プロもアマもない日本全体のムシ屋の中心的集まりにならなければならないのでしょう。[4]

蝶の楽しみの根本は、《採ること》と《集めること》であって、どんなに時代が進んでも、学問が進歩しても変わりはない。しかし蝶の愛好に知的興味がまったくないかというと、それはちがう。もともと、この趣味は科学的なニュアンスの強いものであるから、つねになにがしかの学究的要素が加わっており、時としては学究的興味だけが蝶の楽しみだと錯覚している人もある。しかし蝶の楽しみの《原罪》にもたとえられる《コレクションの醍醐味》をまったく捨ててしまうわけにはいかない。（中略）

わが国の蝶愛好家の最大の集まりである日本鱗翅学会の会報『蝶と蛾』は、すでに世界的レベルを望みうる地位にある。と同時にこの会としては、蝶愛好家の初心（素志）といってよい《採る》《集める》という興味も決して忘れることはできないのである。（中略）

ムシ屋はこれからも、自慢の標本を見せ合い、うわさばなしに花を咲かせ、今年の採集行を語り、来年の採集計画を相談し、夜のふけるのを忘れるのがいちばんの楽しみではなかろうか[5]。

いまわたしは二つの立場にある。一つは多摩動物公園の愛好会機関雑誌の編集の一員として、ここの昆虫園に海外の昆虫の生きた展示を大々的にしたいこと、もう一つは、日本の蝶愛好家の研究団体である日本鱗翅学会の関係者として、蝶愛好家にのびのびと海外の蝶の飼育を楽しむ機会を得させたいことである。幸いにどちらも、その緒についたと考えられるので、法律規則を守りながら徐々に実績をあげて、さらに自由の範囲を広めたいと願っている。

われわれは現在、これとは別に自然保護という大問題に直面している。自然が破壊されるのは、無分別な土地の開発によることが主な原因であるが、これによって植物がやられ、動物がてきめんに滅亡してゆく。その保護の先頭に立つものは、植物愛好家、動物愛好家であるが、それら善意の人びとが、無分別な人びととといっしょにされ、自然破壊者のごとく取り扱われがちなのはざんねんである。

たとえば3年後にダムサイトになる地方があるとしたら、そこの動植物はこの1、2年のうちに徹底的に採集研究さるべきであるのに、採集者はあたかも自然破壊者のように取り扱われがちである。これも法の運用の柔軟性を欠いているためである。

生きた昆虫輸入の問題も、自然保護の問題も、法律改正を叫ぶ前に、法の運用に柔軟性のあるようにしたい。蝶の飼育、交配技術においては、日本は文字通り世界一の国であるから、研究の成果も期待できる。蝶愛好家の実績を認めて、法の運用に幅をもたせていただければ幸いである。話題が蝶にかたよったが、自信のもてる部門からはなしをすすめただけのことで、どの部門にも通じる事柄である。[6]

1 薄葉重＝東京都立両国高等学校教諭、日本生物教育学会副会長等を務められた。
2 薄葉久＝株式会社アサヒビール副社長。「アサヒスーパードライ」の開発者。
3 『江崎悌三著作集』（思索社）第三巻「誰が箕面ではじめて採集したか」参照。
4 磐瀬太郎「月評50回に寄せて」「新昆虫」8、9月号　北隆館（一九五五年）
5 磐瀬太郎「世界にひらく目」「昆虫と自然」1月号（一九六七年）
6 磐瀬太郎「生きた蝶の輸入　賛成」朝日新聞　一九六九年九月二十三日
なお「反対」は梅谷献二氏。
（注4、5、6の引用は、高橋昭ほか編『磐瀬太郎集Ⅱ　アマチュアの蝶学』築地書館 一九八四年にも収録されている。）

「未定」十三号　二〇〇八年

尾崎喜八[1]　ヘッセとロランと文通をした詩人

富士見高原再訪

四十年以上前の夏、『立体・ドイツ文学』[2]（朝日出版社）という本の執筆を始めたころのことである。姉妹編の『立体・フランス文学』を担当する篠沢秀夫氏が軽井沢で仕事をするというので、私も出版社が借りてくれた別荘へ行って仕事をすることになった。その別荘は旧軽井沢の万平通りに近い落葉松林の中にあった。さぞかし快適に仕事ができるであろうと期待して出かけたところが、その年の七月は、来る日も来る日も雨ばかりで、たまにやんでも濃霧が霽れることはなく、湿度98％という日の連続であった。じめじめとして寒い上に、薪が湿って風呂も焚けず、洗濯物も乾かず、散歩もできないありさまで、ほとほと参ってしまった。別荘を借りてもらって仕事ができないというのでは何とも申し訳が立たないのだが、どうすることもできなかった。

こんな状態で、仕事もろくに進まず鬱々としているときに、ふいに、中学生のころ数日間滞在したことのある、八ヶ岳山麓の富士見高原の光景が、あの清涼な乾燥した空気とともにまぶしいほどの明るさでまざまざと思い出された。矢も盾もたまらず、私は富士見へ行ってみた。

期待に違わず、富士見高原は想像していた通りのすばらしい気候と風光で私を迎えてくれた。まず役場へ行って相談すると、幸運にも小池音三さんという方（後に助役になられた）の、実家が空いているので貸してもよいということであった。その家は、富士見町中心部から三キロほど八ヶ岳側に上った立沢という村落にある大きな農家であった。行ってみると、そこは、まるでシュティフターの小説に出てくるような美しい村であった。南には鋸岳、甲斐駒ケ岳、鳳凰三山が一望でき、北には八ヶ岳の樹林を背負い、立場川の谷が開けたところにある実にすばらしいところで、私はすっかり気に入ってしまった。早速借りることに決め、私と家内は早々に軽井沢を引き払って立沢へ移った。

軽井沢とは打って変わって、富士見町立沢は連日晴天で、なによりも湿度が50％位なのがありがたかった。これが仕事の方にもよい結果をもたらしたことは言うまでもない。翌年の夏もその家を借りて、どうにか四百頁近い本の原稿の大半を仕上げることができた。この書は一九六九年に刊行された。この仕事の合間の散歩の折などに、私は、富士見高原を初めて訪れたときのことを、そしてそのときただ一度お会いしただけなのに、私にとってはずっと心の師でありつづけた尾崎喜八先生のことを何度も思い出していた。

「小さい旅人」

一九五〇年、中学生のときの夏休みに、交通博物館主催の林間学校に参加した。当時私は疎開したまま終戦後も栃木県のある山村に住んでいたが、共同通信社に勤めていた姉が申し込んでくれたのである。場所は長野県の富士見高原で、すばらしいことに、当地に住んでおられた高名な詩人の尾崎喜八先生が昆虫採集・植物採集の指導をして下さるということであった。尾崎先生のお名前は、吉田精一編『私たちの詩集』(筑摩書房版中学生全集4)に載っていた『高層雲の下』という詩や、家にあった随筆集『山の繪本』を読んで知っていた。

私たち一行は、新宿から列車に乗って、富士見へ向かった。誰も知る人のいない団体旅行にひとりで参加するというのは、私にとって初めての経験で、それだけに何もかも印象的であった。まず、はじめて乗った中央線にトンネルが多いことにびっくりした。当時、笹子トンネルの長さが全国第四位で、小仏トンネルが十六位であった。甲府で電気機関車が蒸気機関車に変わって、スイッチバック方式で坂をジグザグに上って行ったのも珍しかった。左の車窓からは、鳳凰、甲斐駒、鋸岳などの南アルプスの山々、右の車窓からは、茅ヶ岳、奥秩父の山々、そして雄大な裾野を広げた八ヶ岳が見えてきて、あこがれと郷愁の思いをかき立てられた。小淵沢あたりから信じられないほど涼しくなり、土手に咲く美しい野の花を眺めているうちに、中央

「小さい旅人」尾崎先生（中央奥）、その右が筆者

本線で標高随一の富士見駅に着いた。

私たちは「白林荘」という犬養毅（木堂）の別荘に泊まった。見事な白樺や赤松の林に囲まれた広大な別荘であった。

採集行の日、尾崎先生は朝早く白林荘にお見えになった。捕虫網を手に、濃いネズミ色の登山帽、真っ白なワイシャツ、ダークグレイのズボン、ストッキング、登山靴といういでたちであった。また、腰には四角形のカモシカの毛皮を下げておられた。これは、野外でどこにすわっても座布団の役目をするので、大変便利なのだという。先生のお顔は、太い眉毛と口髭がいかめしく、ちょっと怖い感じであったが、お笑いになると眼が優しかった。偉い先生なので、とてもお話しすることなどできないと思っていたのに、先生は誰にでも気やすく話しかけて下さるので、人一倍内気で引っ込み思案な私も何度かお話しすることができた。

先生の案内で私たちは釜無川畔の武智鉱泉へ向かった。道々、先生は子供たちが採った昆虫や植物を、ただ名前だけでなくそのいわれや特徴まで、即座に的確に教えてくださった。

私は夢中になって蝶を採集した。初めての採集品もたくさんあった。ヤマキチョウ、ホシミスジ、キマダラモドキ、オナガシジミ、ミヤマシジミなどである。その中にひとつゼフィルスに似た蝶で名前のわからないものがあった。ボロボロになるほど図鑑を見て、日本産の蝶はほとんど覚えていたはずなのに、いざ実物を手にしてみると、わからなかった。それで尾崎先生にお見せすると、

「ほう、よく採ったね。これはミヤマカラスシジミ。東京に帰ってから展翅するのなら、こんなにすっかり殺してしまわないで、三角紙の中で少しは動いているくらいにしておいた方がいいんだよ」

と教えて下さった。

その蝶は雌で、胸部がひどく軟らかであった。ネットから取り出すときに逃げられそうになってもう一度胸部を強く圧したら、つぶれてしまい、緑色の内臓と体液が少し出てしまったのを、今でもはっきりと覚えている。尾崎先生は、一本の灌木を指さして、

「その蝶の幼虫はこのクロツバラの葉を食べるのだよ」

と教えて下さった。

翌年、尾崎先生はこのときのことを「小さい旅人」という題でまとめられて、NHKのラジオで朗読された。またこの文章は、『碧い遠方』(角川文庫・一九五一年)に収められた。私は姉から連絡を受けてそれを聴き、読んだとき、びっくり仰天した。その中に私が二度も出てきたからである。最初は前述の「ミヤマカラスシジミ」の箇所で、二度目は、このエッセイの次のような結びの箇所である。

しかし、道の片側の山からの清冽な水の流れている或る部落を通りながら、一むらの背の高い草を指して、
「ではこの草は何というか、誰か知っている人がありますか」と私の方から聞いた時、一人の男の子が「麻です」と答えるのを聞いて、通りかかった村の大人が、
「ほう、よく知っとるな」と微笑しながら褒めるように優しくその子の顔を見てくれたのには、ああ、私として何かしら涙ぐまずにはいられなかった。

東京よ、私はお前を愛する!
そして信州よ、私はあなたに礼を言う……

「麻です」と答えたのが私なのである。これを読んだとき、懐かしい気持ちや、晴れがましい

気持ちより先に、何とも申し訳ない、どうしたらよいのかわからない複雑な思いを感じたのをはっきりと覚えている。それは、

「もうこの信州に五年間住んでいるものの、私も古い東京のまんなかで生まれた。その東京から遠くやって来た子供たちだと思えば、何となく懐かしくもあれば親身の者のような気持にもなる。どうか軽薄な真似をしたり心無しのわざをしたりして、土地の人たちの顰蹙を買わないように、土地の子供たちの無言の非難の眼を浴びたりしないようにと、思い心にあれば願いもまたおのずから口に出た。」

と尾崎先生は、林間学校の生徒たちが、東京から来たと思って、そのことに特別の感慨をもって書いておられるのに、よりによって私だけが疎開先の栃木県から参加したからである。しかもまったくの偶然とはいえ、栃木県は麻の栽培の本場である。——しかし、子供心に感じたこの複雑な思いこそ、この思い出を一層忘れ難いものにしてくれたように思う。

尾崎先生が東京の上野毛に来られてから、年賀状を出したことがある。富士見高原をイメージして彫った山と白樺の版画に、「小さな旅人のひとりです」と添え書きをしたように思う。これに対して、毛筆で署名のあるお葉書をいただいて感激した。その後も、自分で気に入った版画ができたときだけ年賀状をさしあげたが、そんな気まぐれなものに対しても先生は毛筆のお返事を下さった。

その後も思い切ってお手紙を出してお訪ねしてみたいと思ったことも幾度かあったけれど、

結局、度し難い優柔不断な性格と、余裕のない生活を送っていたことなどのために、果たせず、結局私が尾崎先生にお目にかかることができたのは、後にも先にも「小さな旅人」の時のただ一度だけになってしまった。

カロッサと尾崎先生

子供のころから動物や植物が大好きであった私は、東京に戻って、高校に入ったばかりのころまでは、将来、動・植物学か農学の方面に進みたいと思っていた。ところが、中学時代には何でもなかった数学がいつのまにか大の苦手になって興味を失い、ついに「解析I」の単位を落とす羽目になってしまった。こうして、どこかの国立大学へ入って動・植物学をやりたいという初志は早くも挫折して、私の興味は急速に文学に傾いていった。ちょうど全集ブームが始まったころで、私は受験勉強などそっちのけで、世界の文学を片端から読んでいった。

私の高校では、英語のほかに、ドイツ語、フランス語、中国語が開講されていて、私は第二語学を選ぶとき、ドイツ語にするか、フランス語にするかでさんざん悩んだ末に、ドイツ語に決めた。一応の読書遍歴の末に、特に親しみを感じていたシュティフター、リルケ、ヘッセ、カロッサ等の作品を原語で読めたら、という希いが決め手になったように思う。現在（一九九六年）ドイツ語で飯を食っていることを思うと、これは私にとって決定的な選択であったわけである。また当時クラシック音楽に夢中になり、初来日したカラヤンやケンプの演奏会を、小遣いをはたいて聴きに行ったり、登山に夢中になって、南アルプスや奥秩父の山々に登ったりしたけれど、今思い返してみると、これらはすべて尾崎先生の影響であったのかもしれない。

こうして私は、大学、大学院ではドイツ文学を専攻することになった。卒業論文（一九五九年）や修士論文（一九六一年）には、ハンス・カロッサを選んだ。これは、高校時代からカロッサの作品を愛読していたことのほかにもうひとつの理由があった。当時、ドイツでもわが国でも、カロッサの第二次世界大戦中の生き方をいろいろと批判し、あたかもカロッサがナツィスに屈服し、戦争に協力したかのように言って、その文学まで抹殺しようとする批評家が現れた。その影響で、カロッサを敬愛している人たちまでが、まるで古傷に触れまいとでもするかのように、この時期のカロッサについて語るのを避けたり、この時期のカロッサの生き方を汚点のように考えたりする傾向が見られた。私にはそれがどうにも納得がいかず、我慢がならず、その反論を試みたのである。

私は、尾崎先生の場合にも同じような問題があることを知った。そして尾崎先生の場合もカロッサの場合と非常によく似ていることが判った。そして私はどちらの場合も、自己審判ならともかく、他者から非難されるいわれはないこと、そして批判は取るに足らぬものばかりで、ほとんどが批判というよりも、混乱の時代につきものの誹謗・中傷のたぐいであることを確信した。

一九六五年、私に専門分野での初めての仕事が与えられた。三修社から『ドイツの文学』全十二巻が刊行されることになり、その第六巻カロッサ篇を西義之氏と受け持つことになった。私は『幼年時代』と『詩集』（抄）の翻訳と「解説」を担当した。この書は翌年の二月に出版されたが、その月報に、思いがけなく尾崎先生の「カロッサの教訓」というすばらしい文章が載った。まったく思いがけないことで、私はうれしかった。このときは、何としても先生にお手紙を書こうと思った。しかし、ああ、何と愚かなことだったろう。筆不精の私は、思いばかりが心にあふれて手紙が書けなくなってしまい、もしかしたら再び尾崎先生にお目にかかれたかもしれない絶好の機会を無にしてしまったのである。

「富士見に生きて」

『立体・ドイツ文学』の仕事が終わった一九七〇年の夏も、立沢の農家を借りた。そしてますます富士見が気に入ってしまった私は、どこかに譲ってもらえる家がないものかと探した。そして、武智川のほとりの横吹というところに土地つきの家を求めることができた。その場所からは八ヶ岳も南アルプスの山も見えず、建物も別荘風の家ではなく、古材で再建した粗末な家であったが、私はそこがすっかり気に入った。こうして海外へ行った数年間を除いて、毎夏そこで過ごすようになった。近隣の人たちのほかは、町の人とも別荘の人ともほとんどお付き合いすることもなく、昆虫や植物を相手にひっそりと暮らしていた。

一九八〇年八月、富士見高原中学校で、尾崎先生の詩碑の除幕式が行われるという話を聞いて、出かけてみた。「富士見に生きて」の詩碑[3]が小高い丘の白樺や水楢や赤松や落葉松の美しい木立の中に建てられ、たくさんの人びとが集まっていた。このとき私は初めて實子奥様やご長女の榮子様にお目にかかり、ためらいながらも「小さい旅人」の話を申し上げた。お二人とも大変よろこんで下さり、初めてお会いしたとはとても思えないほど親しくしていただいた。このとき、私は何か長年胸につかえていたものがとれたような晴れ晴れとした気持ちになった。

1　この文は、「尾崎喜八資料」第十一・十二号（一九九六年）に「わが心の師　尾崎喜八」と題して掲載されたものを、尾崎喜八研究会の許可を得て、転載したものである。転載に当たって、若干の字句の訂正をした。
2　この書は、『ドイツ文学案内』と改題されて、現在も刊行されている。
3　この詩碑は、富士見町コミュニティープラザに移された。

「未定」十四号　二〇〇九年

トーマス・マン　二十世紀ドイツ最大の小説家

――『ヴェニスに死す』映画と原作

四半世紀ほど前の一九七一年、私は夏休みとその前後の三カ月を利用して、はじめてヨーロッパを旅行した。モスクワに二泊、東ベルリーンに二泊、西ベルリーンに三泊と、そこまではあらかじめホテルを予約しておいたけれど、その後西ドイツに入ってからは、北欧から南欧までまったく足の向くまま気の向くままの自由な一人旅であった。とはいっても、パリがすっかり気に入ってしまい、いつのまにかそこが本拠地となって、どこかへ出かけて疲れるとまたパリへ戻って来るという形になっていた。

パリ滞在中のあるとき、映画でも見ようかという気になって、キヨスクで買った「パリスコープ」という週刊パリ案内の小冊子を眺めていると、"MORTE A VENEZIA"というのが眼にとまった。トーマス・マンの『ヴェニスに死す』[1]の映画化らしい。イタリア映画で、監督はルキノ・ヴィスコンティ[2]である。その小冊子には、新作映画を数人の評論家が★印の数で評価する欄があって、"MORTE A VENEZIA"には全員が★★★★をつけていた。早速これを見ることに決めて、町の映画館へ行った。

この映画を見て、非常に驚いたことが二つあった。

ひとつは、この映画にフランス語の字幕が出ないことであった。台詞はほとんどイタリア語で、お客は大部分がフランス人のはずである。いくらイタリア語がフランス語に似ているといっても、みんながみんな分かるわけではなかろう。字幕が出なくともお客は文句を言わないのであろうか。まことに不思議なことであった。もちろん私はイタリア語は分からないし、かりにフランス語の字幕が出てもほとんど分からなかったと思うけれど、原作は翻訳で読んでいるし、部分的には原文も読んでいるので、内容についてはなんとか理解することができた。

もうひとつは、タージオ（原作ではタドゥツィオ）役の「蜂蜜色の髪の、ギリシア芸術最盛期の彫刻」を思わせる美少年を見たとき、アッと思った。その少年をどこかで見た記憶があったからである。映画が終わってから、二週間ほど前スウェーデンへ行ったときに、ストックホルム中央駅近くの写真店の前で、その少年の等身大の写真を見たことを思い出した。何の説明もついておらず、その時はどういう人物か分からぬまま、ただなんとなく気になってしばらく眺めていただけであった。あらためて映画の広告を見直してみると、ビヨルン・アンドレセンというスウェーデンの若者であることが分かった。それで、この映画のタージオ少年役に抜擢されたことが話題になって写真が飾られたのであろう、と納得した。それにしてもこれは奇妙な偶然であった。

この作品の主人公グスタフ・アッシェンバッハは、原作では、優れた叙事詩や小説や論文などを書いた作家となっているけれど、実は作曲家グスタフ・マーラー[3]がモデルなのだということを読んだり、聞いたりしたことがあった。この映画でもこの説が取り入れられていて、ヴィスコンティも主人公アッシェンバッハをマーラーを模した作曲家として描いており、映画のバックグラウンドミュージックにもマーラーの交響曲第三番と第五番の一部が使われていた。けれど私は、この作品を読んだときから、主人公にモデルがあるとすれば、それはグスタフ・マーラーよりも、晩年イタリアに永住した十九世紀のドイツの詩人アウグスト・フォン・プラーテンであるにちがいないと確信しており、この映画を観ても、ますますその感を深めるばかりであった。

この旅行の二年前の一九六九年に私は『立体・ドイツ文学』[4]という本を出した。これは、一日本人の眼から見たドイツ語圏の文学案内で、作家解説Ⅰ、作家解説Ⅱ、重要作品、文学史表覧などをまとめて、それに翻訳文献目録をつけたものである。その作家解説Ⅱのプラーテンの項に次のように書いた。

プラーテン　アウグスト・フォン

August von Platen（1796–1835）　詩人

正式には、プラーテン＝ハラーミュンデ Platen=Hallermünde である。本質的にはロマン派の詩人でありながら、古典的な形式美を尊重して、晩年には意識的にロマン派から退いた。北ドイツのアンスバッハの貴族の家に生まれ、幼年学校を経て軍人となった。その後、大学に入って外国語、自然科学、哲学等を修めた。彼はほとんどすべてのヨーロッパの言語に通じていたという。分裂的で不安定な性格をもち、一所不住の生活を送ったが、各地の都市で、ヤーコプ・グリム、ゲーテ、ジャン・パウル等と知己になった。一八二六年、あこがれの国イタリアを永住の地と定め、この国の各地を遍歴したが、シシリー島で、コレラにかかって歿した。友人リュッケルトの感化で、東洋の詩に親しんだ彼は、ゲーテの『西東詩集』の影響もあって、ペルシアの詩形ガゼールを用いた『ガゼール集』Gasellen（二一）を書いた。その後もさまざまな詩形で詩作を試みたが、最も成功したのは、ソネット形式である。特に『ヴェネツィアのソネット』Sonette aus Venedig（二五）は、彼が最も愛した都ヴェニスを、みがきぬいた言語表現で描いたもので、抒情と形式の調和した古典的芸術美の域に達している。

傍線を付した箇所に注意していただきたい。プラーテンの生まれた町アンスバッハ（Ansbach）と主人公の名前アッシェンバッハ（Aschenbach）との類似、小説の舞台にヴェニスが選ばれたこと、および原作のタイトル “Der Tod in Venedig” と “Sonette aus Venedig” との類似、そして場所こそ違うけれどプラーテンがコレラにかかって死んだこと。これらが、私がプラーテンをモデルと考えた根拠の一部である。

さらにもっと本質的で重要なことがある。プラーテンの代表作のひとつに次のような詩がある。

トリスタン

眼のあたり美を見てしまった人は
すでに死の手にゆだねられており
この世のどんな務めにも役に立たないであろう
それでも彼は死を恐れおののくであろう
眼のあたり美を見てしまった人は！

その人に美を求める愛の苦しみは永劫に続く
なぜならこのあこがれがみたされることを
この世で望みうるのは無知な者だけだからだ
愛の矢に胸を射貫かれた人
その人に美を求める愛の苦しみは永劫に続く！

ああ　その人は泉のように涸れることを願う
どんなそよ風の息吹からも毒を吸いとり
どんな花からも死の臭いを嗅ぎとる
眼のあたり美を見てしまった人
ああ　その人は泉のように涸れることを願う！

トーマス・マンの『ヴェニスに死す』は、まさにこの詩を小説化したものだと言ってもよいのではないだろうか。

北ドイツ生まれのトーマス・マンは、プラーテン、シュトルム、フォンターネ等、北ドイツ出身の詩人や作家に親近感を示した。プラーテンについては「アウグスト・フォン・プラーテン」という講演をもとにした評論がある。トーマス・マンは、その中に前掲の詩「トリスタン」を引用して、この詩を若いころから暗唱していたことを告白し、「この詩はプラーテンについてあまりにも多くのことを語っています――この詩と詩人とを、そして詩人とこの詩のタイトルとを同一視したいと思えるほど完全に彼を表現しつくしています」と語っている。

さらに「芸術にこそ私は全生涯を捧げた／そして死ぬときは美のためにこそ死ぬ」というプラーテンの詩を引用して、次のように述べている。

美——それは、ピンダロスが劇場でそれを枕に永遠の眠りについたあの少年の膝でしょうか？　そうです。プラーテンは美をそう考えていたのです。彼の心の中にあった美はそういうものでした。そして彼を陶酔させた美はこうでした。プラーテンの美の概念は、擬古典主義の彫刻と、プラトンのエロス説に由来するものであり、一種の絶対美の理論の所産で、彼はその美学の使徒として生きることを運命と感じました。それは古代ギリシアとオリエントの彫刻の目鼻立ちをした、完全美を具えた裸の美少年でした。その崇拝の対象の前に、彼は果てしないあこがれの苦しみを抱き、みたされぬ思いに打ちひしがれて、ひざまずいたのです。（中略）

最近数十年のあいだに人間についての知識が決定的な進歩をとげたおかげで、以前は慎みがあるなら見て見ぬふりをしなくてはならなかった多くの事柄について、今ではもう何のこだわりもなく率直に話すことができるようになったのはありがたいことです。つまり文学史家は、無知と、今日では時代遅れとなった配慮から、プラーテンの存在の根底にかかわる事実を避けて、たあいもないことばかり発言しようとしてきました。プラーテンの存在を決定した事実とは、彼がもっぱらホモエローティッシュ（同性しか愛することができない）な生まれつきの傾向をもっていたということです。（後略）

実に見事な指摘であり、解説である。この引用について、またこれと『ヴェニスに死す』との関係についてこれ以上の余計な説明は一切不要であろう。

主人公のグスタフ・マーラーモデル説については、多くの研究家が指摘しており、作者であるマン自身もこれを認めているけれども、ここでその詳細について述べることは避け、マーラーが一九一一年五月十八日にヴィーンで歿したこと、ヴァーグナーやブルックナーの影響のもとに後期ロマン派音楽を大成したといわれるこの大作曲家の訃報の余韻さめやらぬ時に『ヴェニスに死す』が構想・執筆され、翌年出版されたことだけを述べるに止めたい。

この映画を見たのがきっかけで、私はパリでいくつかの映画を見た。シャイヨー宮の地下に、シネマテーク（フィルムライブラリー）があって、そこで古いフランス映画や、外国の映画で評判になったものなどを上映していた。

最初に見たのはマルセル・カルネ[6]の“Les visiteurs du soir”（夜の訪問者たち――邦題『悪魔が夜来る』）であった。高校生時代に往年のフランス映画に夢中になって、感激して見たもののひとつである。日本で見たときは、画面が茶色く焼けて、雨が降っているようであったのが、パリで見たときは封切り映画のように真新しく、鮮明な画面に驚嘆し、感激したこと、台詞のはしばしに観客の笑い声が起こり、これは日本語訳ではほとんど分からないことであろうと思ったことなどを今でもはっきりと覚えている。

日本映画では黒沢明監督の『七人の侍』を見た。驚いたことに、これにもフランス語の字幕が出なかった。それにもかかわらず、笑い声などの反応から、観客が内容をよく理解していることが分かった。フランスで上映される外国映画にフランス語の字幕が出ない秘密、これは私にとってはいまだに謎のままである。

1　『ヴェニスに死す』Der Tod in Venedig　トーマス・マンは一九一一年五月二六日から一週間ほどヴェネツィアおよびリド島を訪れた。このときにこの作品の想を得て、翌一九一二年に完成、雑誌〈Neue Rundschau〉Heft 10-11に掲載した。同年ミュンヒェンから単行本も出版された。

2　ルキノ・ヴィスコンティ Luchino Visconti（一九〇六−七六）　イタリアの映画監督。ジャン・ルノワールの助手をつとめた。主要作品は、『郵便配達は二度ベルを鳴らす』（四二）『山猫』（六三）『異邦人』（六八）『地獄に堕ちた勇者ども』（六九）『ヴェニスに死す』（七一）『ルートヴィヒ――神々の黄昏』（七二）『イノセント』（七五）。

3　グスタフ・マーラー Gustaf Mahler（一八六〇−一九一一）　オーストリアの作曲家・指揮者。各地の歌劇場やヴィーンフィルの指揮者として活躍。作曲家としては後期ロマン派の交響曲を大成したといわれる。交響曲十曲、歌曲『亡き子をしのぶ歌』（〇二）、管弦楽曲『大地の歌』（〇八）など。

4　『立体・ドイツ文学』　一九六九年初版、一九七三年改訂増補、一九七九年『ドイツ文学案内』と改題。朝日出版社。

5　トーマス・マン「アウグスト・フォン・プラーテン」　一九三〇年アンスバッハのプラーテン協会で行われた講演をもとにした評論。本稿中の引用・翻訳の原典は、Thomas Mann: Gesammelte Werke in 13 Bänden, Band IV, S. Fischer Verlag 1974である。この評論は、新潮社版『トーマス・マン全集』第九巻（一九七一）に、宮原朗氏による全訳が収録されている。引用部分の翻訳に際しては、同氏の訳を参考にさせていただいた。

6　マルセル・カルネ Marcel Carné（一九〇六－九六）　フランスの映画監督。ルネ・クレールの助監督を務め、一九三六年『ジェニィの家』で監督としてデビュー。主要作品は、『霧の波止場』（三八）、『北ホテル』（三八）、『悪魔が夜来る』（四二）、『天井桟敷の人々』（四五）、『愛人ジュリエット』（五一）、『嘆きのテレーズ』（五三）、『われら巴里っ子』（五四）、『危険な曲り角』（五八）。

「未定」八号　一九九七年

高橋健二　ヘッセ翻訳・研究の第一人者

高橋健二先生のお名前をはじめて知ったのは、『中等國語』（文部省）で読んだヘルマン・ヘッセ『少年の日の思い出』の翻訳者としてであった。この作品は、一九四七年（昭和二十二年）に国定教科書に掲載されて以来、検定教科書制度になってからも現在（二〇一〇年）に至るまで、じつに六十四年間掲載され続けており、「国語教材の古典」といわれているそうである。おそらくわが国で最も多くの人びとに読まれた海外文学作品ではないかと思われる。

この作品を読んだのは、一九五〇年（昭和二五年）中学三年のときで、まだ国定教科書の頃のことである。どんな魅力的な作品でも学校の教科書に載ったりすると、なぜか色褪せて味気ないものになってしまうものだけれど、この作品だけは例外であった。当時疎開先の栃木県親園村（現在大田原市）からさらに転居して八溝山の麓の伊王野村（現在那須町）に住んでいた私は、この作品の主人公以上に、蝶の採集や飼育に熱中していた。休日は言うに及ばず、平日でも学校が終るとすぐに採集用具をもって山野を駆け巡った。ヘッセは、捕虫網を手に美しい蝶に近づいて行くときの胸の高鳴りを、「子供だけが感じることのできるあのなんとも表現しようのない、むさぼるような恍惚状態」とか「繊細なよろこびと、荒々しい欲望の入り混じった気持」などと表現しているが、私も、心臓が破裂するかと思うほど興奮したり、内臓が千切れるかと思うほど悔しい思いをしたり、眼が眩むほど有頂天になったりする気持を味わった。こんな気持はこの趣味に熱中した人でなければ到底理解できないであろう。

　そんなわけで私にとって『少年の日の思い出』は、他人ごととは思えず、何度も何度も暗唱してしまうほど読みふけった。ただ、蝶と蛾が何の区別もなくすべて「ちょう」「ちょうちょう」などと訳されていることや、採集や標本作製の用語に違和感をもったこと、少年が盗んでしまう楓蚕蛾（当時はそう訳されていた）という蛾はどんな蛾なのか、何とか見たいものだと思ったことなどを今でもはっきりと覚えている。しかし後年高橋先生にお会いすることになり、この作品を原語で読み、その作品の初稿『クジャクヤママユ[1]』"Das Nachtpfauenauge"を自分で訳すことになろうなどとは、もちろん夢にも思わなかった。まさに『少年の日の思い出』が私の運命の書となるわけである。

　蝶の採集や飼育にあまりにも熱中して受験のための勉強などまったくしなかった私は、都立高校入試の八科目のアチーブメントテストを受けて不合格となり、一年間浪人をすることになった。大学受験に落ちて浪人をした人はたくさんいると思うが、高校受験に失敗して浪人したのは私くらいのものではないだろうか。東京北区にある寺の住職をしていた長兄の世話になり、寺の掃除や墓掃除などをして、一年を過ごしたけれど、兄からは蝶の採集を厳禁され、どこへも採集などには行けなかった。しかし、当時寺の境内には東京としては珍しく四十数種の蝶が生息しており、私はひそかにそれらを採集して標本を作ったり、観察したりして満足していた。

翌年、都立北園高校（旧府立九中）に入ったけれど、まず英語の授業について行けず、中学時代にやすやすとできた数学が大の苦手になり、英語は最低点、数学は単位を落とす破目になってしまった。こうしてどこかの国立大学の理学部か、農学部に入って昆虫の研究をしたいという初志は、早くも挫折した。経済的な事情もあって、さすがに蝶の採集に熱中することは出来なくなり、私の興味は急速に文学・映画・音楽・登山・囲碁・将棋などの方面に移っていった。北園高校には、英語以外に、ドイツ語、フランス語、中国語が開講されていた。フランス映画に狂っていた私は、フランス語にしようか、ドイツ語にしようかさんざん悩んだ末に、結局はドイツ語を選んだ。これは当時読んでいたシュティフター、マン、ヘッセ、リルケ、カロッサなどの小説や詩を原語で読んでみたいという気持ちがあったからだと思う。三年次にはドイツ語と国語と生物と日本史にしぼって大学受験に臨んだ。そして早稲田大学の独文科と学習院大学のドイツ文学科に合格した。私は教授陣を調べて学習院を望んだが、学資を出してくれる兄が早稲田を勧めるので、碁を打って決めることになり、きわどく一目差で勝って、希望を通した。

大学では、高校でとった初級ドイツ語の単位が認められて、一学年上の小人数のクラスといっしょに講義を受けた。その中に児玉清さんがいて親しくなり、よくいっしょに映画や芝居を見に行った。

あるとき、『少年の日の思い出』の原本、〝Jugendgedenken〟がドイツ語のテクストとして郁文堂から出版されていることを知った私は、早速それを手に入れ、辞書を引き引き、胸をときめかせながら読んだ。こうしてこの作品に出てくる蝶や蛾のドイツ語名がわかったので、それを百科事典や図鑑で調べて、Nachtpfauenauge と呼ばれている蛾には大・中・小の三種類があることや、Gelbes Ordensband という蛾が、わが国にも生息するワモンキシタバ（輪紋黄下翅蛾）であることなどを突き止めた。

高橋健二先生が、学習院大学ドイツ文学科主任の櫻井和市先生を訪ねて来られたことがある。中央大学に独文専攻の大学院をつくったので、学生を推薦して欲しい、という用件のようであった。櫻井先生から、大場国彦[2]と私が呼ばれて、

「おまえたち、中央大学の大学院に行く気はないか？」

と言われた。

中央の大学院の教授陣は、吹田順助、高橋健二、菊盛英夫、橋本文夫、山口忠幸、山口四郎の諸先生、非常勤講師は、R・シンツィンガー、手塚富雄、国松孝二、小宮曠三の諸先生と伺って、大場と私は

「行きます」

ヘルマン・ヘッセ『少年の日の思い出』に現れる蝶と蛾

1-2. キアゲハ *Papilio machaon* (1. ♂, 2. ♀)　3-4. イリアコムラサキ *Apatura ilia* (3. ♂, 4. ♀)　5-6. イリスコムラサキ *Apatura iris* (5. ♂, 6. ♀)　7-8. クジャクヤママユ *Eudia spini* (7. ♂, 8. ♀)　9-10. ヒメクジャクヤママユ *Eudia pavonia* (9. ♂, 10. ♀)　11. ワモンキシタバ *Catocala fulminea* (♂)　12. ヨーロッパウチスズメ *Smerinthus ocellatus* (♀)　13-14. オオクジャクヤママユ *Saturnia pyri* (13. ♂, 14. ♀)　『21世紀に残すわたしのコレクション』ESI（2001年）より

とお答えした。

もちろん入学試験があった。大場の方が私よりも成績が良かったので、彼は入学と同時に副手に採用された。

高橋先生の講義は、ドイツ文学講読演習とドイツ文学特殊講義であった。意外なことに高橋先生の評判は、学外、学内でもあまり芳しくはなかった。それは戦時中ヤーコプ・ザール、高橋健二共著『ヒトラー・ユーゲント』（新潮社　一九四一年）を出版したり、大政翼賛会の文化部長を務めたりしたのに、戦後一転して、第一次世界大戦以前から徹底して戦争反対を貫いたヘッセやナツィスに抵抗したケストナーの翻訳・紹介をしたからであろうと思われる。このことについては、私自身終戦を迎えたとき小学校四年生で、軍国少年であったから、何も言う資格がないし、言うつもりもないが、ヘッセについて知るにつれて、なぜかつての日本のヘッセ讃美者・紹介者のほとんどが戦争讃美、あるいは愛国主義的言動を行ったのかについては、現在も不可解な感じを拭うことができない。

大学院在学中、小人数の仲間たちと、“Wohin?”というガリ版刷りの同人誌を出した。そこに私は、「ドイツ文学に現れた蝶と蛾」と題する文を発表して、ヘッセ、カロッサ、シュナックなどの作品に出てくる蝶や蛾を、引用文とともに解説した。もちろん『少年の日の思い出』も取りあげた。これが高橋先生の目に留まり、

Literarische Beilage
DES „WÜRZBURGER GENERAL-ANZEIGER"

Nr. 16. Würzburg, 1. August 1931.

Jugendgedenken.

Von Hermann Hesse.

“Jugendgedenken”（『少年の日の思い出』）が初めて掲載されたドイツの地方新聞「ヴュルツブルガー・ゲネラール-アンツァイガー」1931年8月1日号。元来は2頁に掲載されていたものを1頁にまとめた。

> „Dieser hier heißt gelbes Ordensband," sagte ich, „lateinisch tulminea, hier in der Gegend ist es recht selten."

上記新聞のミスプリントのある部分を拡大したもの。

「これはワモンキシタバだ」と私は言った。「ラテン語（学名）ではfulminea で、この辺ではとても珍しいんだ」の箇所のfulmineaがtulmineaになっている。

「一度家へ来て、蝶や蛾の話をしてくれないか」

と言われた。私は、ドイツから取り寄せた蝶や蛾の標本や図鑑を持ってお伺いした。残念ながら、三種類のクジャクヤママユの標本だけは持っていなかった。私は、中学のときに『少年の日の思い出』を読んだこと、この作品に出てくる蝶や蛾の名前に疑問をもっていたことなどについてお話しし、ヨーロッパ産の蝶や蛾の標本をお見せした。そして、Gelbes Ordensband は「黄べにしたば蛾」ではなく「ワモンキシタバ（輪紋黄下翅蛾）」であること、Nachtpfauenauge は「楓蚕蛾」よりも「クジャクヤママユ（孔雀山繭蛾）」とした方がよいのではないか、などと申し上げた。先生は私の話を興味深く聞いてくださり、先生がヘッセから直々いただいたという『少年の日の思い出』の原文を見せてくださった。それは新聞の切り抜きであった。一九三一年に高橋先生がヘッセを訪問されたときにヘッセから「列車の中で読みたまえ」と手渡された切抜きの一つで、Würzburger General-Anzeiger という地方新聞に掲載されたものであった。それを拝見して、私はそこに一つミスプリントがあるのを見つけた。（前頁参照）ワモンキシタバの学名 *fulminea* が *tulminea* になっていたのである。これは誤植であると気づかれぬまま、翻訳では「ツルミネア」、郁文堂のドイツ語テクストでも *tulminea* となっていた。先生は、訳文も、ドイツ語のテクストも訂正してくださると約束してくださった。

後日、光村図書出版の『中学国語』の指導用教材に、「『少年の日の思い出』に現れる蝶と蛾」という解説を高橋先生からのご依頼で書いたことがある。

大学院修士課程を修了した一九六二年には、望む職に就くことができず、翻訳をしたり、家庭教師をしたりして過ごしたけれど、その翌年、櫻井先生の推薦をいただいて、独協学園中・高等学校のドイツ語専任講師になることができた。先輩で先任の両角正司さん（「未定」同人）が九州大学に栄転されたためである。

独協学園は、文部大臣を務められたカント学者、天野貞祐先生が校長をされていて、中学一年からドイツ語を教える特別な学校であった。ドイツ語クラスは中学一年から高校三年までドイツ語を履修する「旧クラス」と、高校の三年間だけドイツ語を履修する「新クラス」とがあり、ドイツ語では非常勤の先生が二人だけだったので、私がほとんどのクラスを担当した。これはなかなか大変であった。三学期のそれぞれに中間試験、学期末試験、模擬試験などがあって、三日に一度試験問題を作り、残りの日に採点をする計算になった。ときどき天野先生が授業中後ろから入って来られて、十五分ほど参観されることがあって、緊張した。

一年近く経った頃、東洋大学から専任講師として来てほしいという話が来た。独協学園に勤めて一年も経たないので、難しいとお答えしたが、俸給が三万五千円だと聞いて、心がぐらついた。じつは独協学園の初任給は一万八千円で、借りている部屋代にも足りなかったからである。学生時代から結婚していた私は、目白駅から三分のところにある当時としてはかなり贅沢なアパートに暮らしており、部屋代が二万一千円であった。東・南側に出窓のある四畳半と狭いダイニングキッチンと風呂と電話がついていた。妻は大学院の学生であり、部屋代の不足分と生活費、学費などは、翻訳や家庭教師などでまかなっていた。さんざん悩んだ末に、名案を思いついた。吉祥寺の天野貞祐先生のお宅の隣に住んでおられた高橋健二先生に相談することにしたのである。高橋先生は事情をよくわかってくださり、

「いっしょに行ってお願いしてあげましょう」

とおっしゃって、天野先生に電話をしてくださった。

天野先生に、簡単に事情をご説明して、

「お世話になって一年にもなりませんのに、まことに申し訳ございません」

と申し上げると、

「近ごろの若者は恩義を知らない！」

と一喝された。私はただただ平身低頭するばかりであった。その間に高橋先生が、私の説明不足を補ってくださり、

「なんとか許してやってください」

とお願いしてくださった。天野先生は

「君には期待していたのに、何と言うことだ！」

と怒りがおさまらないご様子であったけれど、結局は承諾してくださった。

このことはもちろん、櫻井先生にもご報告した。そしてまもなく独協学園の私の後任は、津川良太さん（「未定」同人）に決まって、私はホッと胸をなでおろした。

その後、高橋先生とは、大学院の同窓生といっしょにお会いしたり、独文学会でお会いしたりした。また、私の訳したヘッセの詩文集をお贈りすると、お葉書をいただいて、解説文の誤りを指摘してくださったり、ありがたいお言葉をいただいたりしたこともあった。

一九九八年三月十日の夕方、朝日新聞社から

「高橋健二氏が亡くなられた。追悼文を書いてもらいたい。全国版に出したいので、十一日の午前九時までにお願いしたい」

という内容の電話があった。先生の訃報そのものにも驚いたが、先生が亡くなられて八日も経ってから新聞社に連絡が入ったということにもびっくりした。追悼文については、たとえば渡辺勝氏（当時のヘルマン・ヘッセ研究会会長、埼玉大学教授）などのような適任者がおられるはずですと言って、再三辞退したが、私でよいということなので、心もとないままお引き受けした。その三十分後に、読売新聞社からも同じ追悼文の依頼の電話があった。もちろん事情をお話してお断りしたが、誰か推薦してもらいたい、とのことなので、迷わず渡辺勝氏を推薦した。（読売新聞には渡辺氏の追悼文が掲載された）。

追悼文を書くに当たって、私は高橋先生の晩年の著書『人間の生き方——ゲーテ、ヘッセ、ケストナーと共に』（郁文堂　一九九〇年）をどうしても再読したいと思ったが、度重なる引越しのために本棚からは見つからず、家中を探し回ったあげく、夜の十一時すぎにやっとダン

ドイツ文学者 高橋健二氏を悼む——

東西つないだヘッセ名訳

岡田　朝雄

東洋大学教授
（ドイツ文学）

ヘッセとの思い出を語る高橋健二氏＝1991年、東京都武蔵野市の自宅で

ヘルマン・ヘッセの翻訳・研究者として高名な高橋健二先生が二日、九十五歳の生涯を閉じられた。教えを受けた者のひとりとして謹んでご冥福（めいふく）をお祈りしたい。

思えば中学時代に教科書で読んだ高橋健二訳の「少年の日の思い出」は、今、『庭仕事の愉しみ』などヘッセの晩年の作品を中心に翻訳している私にとって、運命的ともいえる出会いであった。

蝶（ちょう）の採集に熱中している少年が友人の蝶を盗んでしまい、良心に目覚めて返そうとしたが、いくら謝っても許してもらえない、という話で、当時この主人公以上に昆虫採集に熱中していた私には他人事とは思えなかった。

同時に昆虫マニアとしては、この蝶の訳語にずっと違和感を抱き続けていたが、大学時代にこの原文を読み、その正体を突き止めることができた。それで、その蝶の標本を手に入れて先生のお宅へうかがい、長年の疑問をお話したところ、先生は驚きながらもにこやかに話を聞き、に教科書の方も訂正されることになった。

後年、この作品の初稿の載った『蝶』という詩文集を訳す機会に恵まれ、これが私のヘッセ翻訳の出発点となったのである。

この小品は一九四七年から今日まで五十年間も中学国語の教科書に載り続けており、おそらくわが国で最も多くの人に読まれた外国文学作品ではないだろうか。日本のヘッセブームの素地もこの名作・名訳からつくり出されたといってもよいのではないかと思えるほどである。これを読んだ人は、高橋訳のヘッセの初期の作品『郷愁』『車輪の下』『青春は美わし』『クヌルプ』などに、ごく自然に入って行くことができるからである。表現がじつに平明であるために、多くのヘッセファンに愛読されている。

先生は一九三一年の最初の訪問以来ヘッセと親交を結び、ヘッセから最も信頼された翻訳・研究家であった。そして五七年には、個人訳『ヘルマン・ヘッセ全集』全十五巻（新潮社）の偉業を成し遂げられた。これに感動したヘッセは、この全集に「日本の私の読者へ」という心のこもった序文を寄せている。そこには東洋と西洋の文化は敵対する関係にあるものではなく、豊かな実りを生む両極であるという、東西のかけ橋となるすばらしい精神的交流の願いが述べられている。

また『ヘッセ研究』は、わが国のヘッセ研究書の中で質・量ともに群を抜いている。ヘッセの著作を渉猟しつくした著者が、その知識を縦横に駆使し、ヘッセゆかりの地をくまなく訪ねて集めた資料や、多くの関係者から直接取材した資料がふんだんに織り込まれており、ヘッセの自然観や人生観があますところなく紹介されている。

これらの業績が内外から高く評価されたことは周知の事実である。

ただ一部には、戦争やナチスについての戦時中の先生の言行に対して、また大政翼賛会文化部長を務めたことに対して非難の声があることも確かである。しかし、先生が、一貫して反戦・反ナチス作家であるヘッセやケストナーを日本に紹介し続けたことや、日本ペンクラブ会長として金芝河氏の救助活動、言論の自由、文学者の国際的連帯などに献身的に努力されたことは、私には、その瑕瑾（かきん）を償ってあまりある行為であったように思われる。

先生は晩年、ヘッセの絶筆となった詩の一部を題名とした「なお一夏、なお一冬」というエッセーの中で、この詩の推敲（すいこう）を終えて安心したヘッセがモーツァルトのピアノソナタをラジオで聞いて床につき、眠りながら息を引き取ったことに触れて、「なんという幸福な最期であろう！　私もこのような死を迎えたい」そして「苦しいことも腹立たしいことも多かったけれど、人生を、人間を肯定する気持ちになっている。そしていろんな人を思い出すにつけ、『みんなみんなやさしかったよ』という感謝の念をもって、永遠に目を閉じたい」と書いておられる。

先生はきっとこのように安らかに永眠されたに違いない。

ボール箱の中から見つけ出した。原稿は十二時から書き始めて、徹夜で書き上げ、十一日の九時少し前に新聞社にファックスで送った。それが五十二頁の追悼文である。

1 『クジャクヤママユ』Das Nachtpfauenauge＝この翻訳はすべて私の訳で、ヘルマン・ヘッセ『蝶』朝日出版社（一九八四）、『ヘルマン・ヘッセ　蝶』岩波書店（一九九二）、『百蟲譜』奥本大三郎編　弥生書房（一九八四）、ちくま文学の森『幼かりし日』筑摩書房（一九八八）、『現代の国語1』三省堂（二〇〇二）『ヘルマン・ヘッセ全集』第六巻　臨川書店（二〇〇六）などに収録されている。

2 大場国彦＝専修大学名誉教授

「未定」十五号　二〇一〇年

高橋健二

矢川澄子と多田智満子　「不滅の少女」と読売文学賞受賞詩人

　昨年（二〇〇二年）の五月三十一日の夜、会食をした同僚たちと別れて、行きつけのバーへ立ち寄った。常連の先客に挨拶をして席に着いたとたんに、ママさんから
「ご自宅からお電話がありました」
　と言われ、何ごとかと思った。そんなことは初めてだし、行く先を知らせておいたわけでもなかったからだ。水割りを飲んで一息ついてから話を聞くと、読売新聞社の方から電話があって、矢川澄子さんがご自宅で縊死された状態で発見された、詳しいことを知っていたら教えてほしい、ということであった。
　とても信じられなかった。というのは、私はその十日ほど前に矢川さんに電話をして、元気そうなお声を聞いたばかりだったからだ。電話の用件は、学習院大学ドイツ文学科の創立五十周年記念祝賀会が十月に計画されているので、その発起人になっていただきたいということであった。矢川さんは
「私なんかでいいの？　よければどうぞ」

矢川澄子（左）と多田智満子（右）　1998年

と快く承諾してくれた。もちろんこの用件のほか、一年前に交通事故に遭ったことや、そのために翻訳の仕事は休んでいることなどを私はお話した。そして矢川さんの、最後になってしまった「それじゃ、秋にまたお会いできるのね、楽しみにしてるわ」という言葉が、今でもありありと耳に残っている。それにしても縊死とは――親しくしていただいた方でこの年小海智子さんに次いで二人目なので、ショックも大きかった。

バーを出て、自宅に電話をしてからタクシーで帰宅した。九時半ごろだったと思う。あちこちに電話をした。読売新聞社の方というのは、多田智満子さんが読売文学賞を受賞された折、「未定」同人が集まってささやかなお祝いをしたときにお会いした小屋敷さんであろうと思ったけれど、電話番号が見つからなかった。片山晴雄さんはまったく知らなかったようで、びっくりしておられた。岩淵先生もご存じではなく、とても驚いておられた。先生から小屋敷さんの電話番号を教えていただいて電話をしたけれど、まだ帰宅されていなかった。村田さんは入院しておられるとのことだった。多田智満子さんに電話したところ、ご主人が出られて、病気で入院中とのことであった。矢川さんのことをお話しすると、びっくりされて、矢川さんが九州旅行の帰りに立ち寄られたときのことなどを話して下さった。そして、矢川さんの妹さんの小池さんに電話して、詳しいことがわかったら教えて下さるということになった。しばらくしてお電話をいただいたが、妹さんは大変取り乱しておられて、とても詳しいことを聞ける状態ではなかったということであった。そのうちに小屋敷さんからも電話があったけれど、以上の経過を報告しただけで、詳しいことは何もわからなかったとお伝えするほかはなかった。

「未定」同人には、学生のころから加えていただいていたが、私は何も発表しなかったので、「未定」の会合に出ても、隅の方に小さくなっていて、その中心的存在であった矢川さんや多田さんとはほとんどお話しをしたことさえなかった。親しくお話しをしたり、著書訳書の交換をしたりするようになったのは、十年ほど前からである。したがって、お二人についての思い出は、ささやかな、ほんのわずかなことにすぎないけれど、特に記憶に残っていることを書き留めておきたい。

一九九七年三月、長野県黒姫にある矢川さんのお宅で澁澤龍彦歿後十年を記念する「未定」八号の最終的な打ち合わせをすることになった。この打ち合わせの中心になるはずであった村田さんが急に行けなくなり、参加者は、中島、藤井、片山、両角氏と私の五人であったと思う。矢川さんの家はまだすっぽりと雪に埋もれていた。打ち合わせは簡単に済んで、楽しい宴会となった。矢川さんから

「岡田さん、お子さんは?」

と聞かれて、

「二度目なので、孫のような娘が二人いるんです。前も娘二人で、これはドイツに住んでいます」と答えた。

翌朝はよい天気で、雪景色がまぶしかった。矢川さんは子どものようにはしゃいで庭で橇遊びをした。あのときの笑顔が忘れられない。

帰り支度をしているとき、

「荷物になるけど、孫のようなお子さんにどうぞ」

と矢川さんの訳されたブレヒトの『子供の十字軍』と、数冊の絵本をいただいた。

急いで帰る必要のなかった片山さんと私のために、矢川さんは「ふじおか」という蕎麦屋に予約をして、ごちそうしてくれた。蕎麦好きな私にはたまらない味であった。

つい先日の九月十八日、うちの大学の研修旅行があり、同僚や学生たちと鎌倉へ行った。三

つのコースに分かれることになり、私は鎌倉文学館コースを選んだ。そこに澁澤龍彦の展示があるのは知っていたけれど、新たに矢川さんの展示があって驚き、何か縁のようなものを感じた。「矢川澄子（昭和5年〜平成14年）小説家、詩人。東京生まれ。著作に『失われた庭』、詩集『ことばの国のアリス』、評論『父の娘たち——森茉莉とアナイス・ニン』、キャロル、ギャリコなど翻訳多数。昭和34年から昭和43年まで、小町、山ノ内に居住」という紹介文があって、『失われた庭』、訳書『雪のひとひら』と、『雪のひとひら』コンサートの記事（鎌倉芸術館情報誌「喝采」）、コンサート出演者の寄せ書き色紙、「ユリイカ　臨時増刊号　矢川澄子・不滅の少女」などが展示されていた。

多田智満子さんは、「ユリイカ　臨時増刊号　矢川澄子・不滅の少女」（二〇〇二年十月）に追悼句とインタビュー「水澄みてあれ」を寄せられた。追悼句の中に次の句がある。

来む春は墓遊びせむ花の蔭

ご自分の死を予告するような句であるが、一月十九日に矢川さんの後を追うように、春も待たずに逝ってしまわれた。今頃お二人は「墓遊び」をしておられるのだろうか。あらためてお二人のご冥福をお祈りしたい。

先日は『神々の指紋』をご恵与下さり、ありがとうございました。七月末からこちらに来ております。締め切りを延ばしてもらった二種類の仕事がやっと終わりました。これからは翻訳（ヘッセ『人は成熟するにつれて若くなる』）の仕事だけなので、ゆっくり拝読させていただきます。ギリシアの神々の名前を見ると、すぐに蝶や昆虫の姿が浮かんできて困ります。学名にラテン語化した名前が使われているからです。

こちらは八ヶ岳の麓です。涼しくて、湿度が少ないので助かります。来てしばらくは、ヒグラシがたくさん鳴いていて、昔読んだ『花火』の中の詩を思い出しました。今はエゾゼミが鳴いています。夜は星空がきれいです。真南に蠍、頭上から西へ白鳥、ヘルクレス、冠、牛飼、北天に大熊、小熊がよく見えます。

残暑酷しい折、どうかお元気で。


（富士見にて　一九九四年八月十五日）


これは、たまたま記録に残っていた多田さん宛のはがきである。

その四年後の夏も、私は富士見高原にある仕事場で五冊目のヘルマン・ヘッセの詩文集“Tessin”（『わが心の故郷　アルプス南麓の村』草思社　一九九七年十二月刊）の翻訳をしていた。八月二十八日の朝、思いがけなく多田智満子さんから電話をいただいた。小淵沢に来ておられるという。

諏訪大社 秋宮神楽殿に立つ多田さん 1997年

「それじゃすぐ近くですから、お会いしたいですね」

と申し上げると、

「私、諏訪大社へ行ってみたいんですけど。案内していただけませんか。もしお暇で、よろしかったら」

ということであった。諏訪大社へは私自身行ったことがないので、案内というわけにはいかないけれど、ご一緒させていただくことになり、仕事場に置いてあるボロ車ジムニーで小淵沢駅まで迎えに行った。

途中の富士見では、かつて多くの文人、知名人が入院した富士見高原療養所（現在富士見高原病院）と、伊藤左千夫が設計し、左千夫、赤彦、茂吉らの歌碑のある富士見公園に立ち寄って、諏訪大社へ向かった。諏訪大社は、上社の前宮と本宮、下社の春宮、秋宮の四社があり、それぞれ独特のおもむきがある。前宮には、数本のケヤキの巨木があり、巨木のお好きな多田さんは、これを見ただけでも来た甲斐があったとよろこばれた。各社に四本ずつ立ててある巨大な「御柱」も興味深げに見ておられた。七年ごとに切り出して人力だけで巨木を運ぶ奇祭「御柱祭り」はテレビでも放映されてすっかり有名になった。前宮よりもはるかに立派な本宮を見てから、門前の茶店で昼食の蕎麦を食べ、諏訪湖をまわって下社へ向かう。春宮の神楽殿には、巨大なしめ縄が掛けられていた。

「あれは、蛇が交尾をしているところなのよ」

と多田さんは言った。

「ああ、そうなんですか、なるほど」

と私は思わず相槌を打った。秋宮は門前の店もたくさんあり、四社中最も賑やかであった。神楽殿には春宮のよりもさらに巨大なしめ縄が掛けられており、多田さんは興味深そうに何枚も写真を撮られた。このしめ縄は、今は地元で造っているが、初めは出雲大社の職人を招いて造ってもらったそうで、七年ごとに、御柱祭りの前年の秋に掛け替えられるということは、今年の秋が掛け替えの時期で、来年四月から御柱祭りが行われるわけである。多田さんはきっと矢川さんを連れて見に行かれるに違いない。

「未定」九号　二〇〇三年

リルケとカロッサ　二十世紀最高の詩人と温厚な自伝作家
――墓を詣でて

リルケの墓

一九七一年の夏、三か月ほど初めてヨーロッパを訪れたときのことである。山が好きな私は、グリンデルヴァルト、ヴェンゲン、ミュレンなどに泊まって、ユングフラウ、アイガー、メンヒ、シルトホルン、ヴェターホルンなどいわゆるベルナー・オーバーラントの山々を楽しんだあと、ツェルマットへ行って、マッターホルンに途中まで登り、アルプス第二の高峰モンテローザを心ゆくまで眺め愉しんだ。

私の旅は、人と約束している日時のほかは、まったく自由きままで、宿泊する宿もいきあたりばったりの直接交渉、ひとつの旅が終わると、最後に泊まった宿で次の行く先を考えるという計画性のないものであった。

ツェルマットからは、シュヴァルツヴァルトの街フライブルクへ行ってみようと思ったが、幹線に乗り換えるヴィスプという駅の隣にラロンという駅があって、そこにリルケの墓があることを電車の中で突然思い出して、そこに行ってみることにした。ところがヴィスプからひと

1971年　夏

つ隣のラロンへ行くのに、二時間ちかく待たなければならなかった。通る電車が特急か急行ばかりで、ラロンには停車しないのである。それでタクシーで行くことにした。

運転手に「ラロン」と行く先を言い、リルケの墓を知っているかと聞いてみると、知っているけれどその墓のある教会までは行けない、と言う。途中運転手は右手の小高い岩山の上の教会を指さし、

「あそこです」

と言った。教会は修復中らしく、塔全体に足場がかけられていた。車は広い道路を右折し、ラロンの駅を通り過ぎて、教会へ登る坂道のところで止まった。料金を払いながら、二時間後にまた迎えに来てくれるように頼んで車を降りた。教会の立つ岩山までの坂道を歩きながら、私は時間や場所を忘れてしまいそうな錯覚にと

らわれていた。左側の古い家の垣根には葡萄が蔓をのばし、いくつものみどり色の房をつけていた。

教会の門前に着いて驚いた。

「教会修復中につき来年二月まではリルケの墓は参詣できません」

と書かれた看板が立っていたのである。思いつきで立ち寄ったとはいえ、何とも残念で、とてもそのまま立ち去る気にはなれなかった。教会の境内をひとりの職人が歩いていたので、声をかけた。

「私は東京から来た。リルケの墓が見たい！」

職人は、腰の横で手を開く動作をして、「驚いた」とも「気の毒に」ともとれる表情をして去って行った。ところがしばらくして、鍵をたくさんぶら下げた棟梁とおぼしき人が来て、

「特別に見せてあげましょう」

と、門を開けてくれた。

棟梁は教会とは違う方向へどんどんと歩いて行った。ついてゆくと、飯場小屋のような仮設の小屋の前で立ち止まって入り口の鍵を開けた。すると、その小屋の地面にマットが敷かれて、その上にリルケの墓碑が横たえられていた。

RAINER MARIA RILKE

ROSE, OH REINER WIDERSPRUCH,
LUST,
NIEMANDES SCHLAF ZU SEIN
UNTER SOVIEL
LIDERN

薔薇よ　おお　純粋な矛盾
こんなにたくさんの瞼の奥で誰の眠りでもない
ここちよさ

というあの有名な、謎のような詩句が彫られた墓碑であった。自己流の礼拝をした後に、棟梁に写真を撮ってもよいかと聞いた。よいというので、縦位置から二枚、横位置から二枚、文字がよく分かる位置から二枚、合計六枚フラッシュ撮影をした。そして棟梁に心からお礼を言い、十フラン札を渡して、教会を出た。

タクシーが迎えに来るまでに一時間以上あるので、教会からつづく草原へ出てみた。山が迫って、狭い、細長い草原だったが、すばらしいところだった。色とりどりの野草が咲き乱れ、数種類の青いシジミチョウが飛び交っていた。ときどき、クジャクチョウ、コヒオドシ、ヒョウモンチョウなども飛んできた。細く、流れの速い小川が音を立てて流れていた。私は満足して、時のたつのも忘れていた。タクシーとの約束がなかったら、日の暮れるまで寝そべっていたいところだった。

日本に帰ると、まっ先に写真の現像・焼き付けを頼んだ。出来上がってきたとき、見たい写真はいろいろあったけれど、一番気になっていたのが、リルケの墓碑の写真であった。あんな写真を撮ったのは私だけではないだろうかなどと、不謹慎にもほくそ笑んだりもした。ところが、――あの写真がどこにもないのだ。よく調べてみると、あの写真のフィルム一本だけが真っ白で、何も写っていない！　リルケの墓碑の写真だけでなく、その後草原で撮った写真も、それらの前後のツェルマットやフライブルクの写真も写っていなかった。百本ちかく撮影したフィルムのうちの一本だけである。フライブルクでフィルムの交換をするときも別に異常は感じなかった。写真はもちろんアマチュアだが、カメラ（このときのカメラはニコマート）の扱いなどには慣れているつもりなので、フィルムの装着などに失敗があったとは考えにくい。かりに装着ミスがあったとしても、三十六枚撮りのフィルムを一枚一枚巻くときに空回りしていたとしたら、気づかないはずがない。

とすれば、どうしたのだろう。――そうか、ああ、これはリルケが嫌がったにちがいない、きっとそうだ、と私は思わずにはいられなかった。出来過ぎたつくり話のように思われるかもしれないけれど、これは本当の話である。

カロッサの墓

パッサウは、オーストリアとの国境にあるドイツの都市で、ドーナウ、イン、イルツの三河川が合流する地点にある。私が初めてこの町を訪れたのは、一九七一年のことであるが、それは高校時代から愛読して、卒業論文にも選んだ敬愛する詩人ハンス・カロッサのゆかりの地として、『ドクトル・ビュルガーの運命』や『若き医者の頃』などの作品の舞台を訪ねてみたいという目的があったためである。ところが、愛する詩人の町ということは別にしても、私はこの町がすっかり気に入ってしまった。

静かに悠々と流れる大河ドーナウと、波立ち流れるイン川の合流地点にある半島のような旧市街がパッサウの中心部で、そこには当時世界最大といわれたパイプオルガンのあるドームや、英雄叙事詩『ニーベルンゲン』に関わりのあるといわれる市庁舎や、ドーナウ川を下ってヴィーンや黒海を経てロシアまで行くことのできる観光船の船着場もある。

ホテルや旅館は手頃なものがいくつもあり、レストランや酒場もなかなかよい所がある。散歩をするなら、旧市街はもちろん、ドーナウ川のほとりも、それとは好対照をなすイン川のほとりもよい。そしてドーナウを渡った丘の上のオーバーハウスからの眺めや、イン川を渡った丘の上のマリアヒルフ修道院からの眺めが実にすばらしい。さらに、イルッ川を渡った丘の上から見下ろすパッサウの夜景は何にたとえようもない。空の星々と地上の明かりが見分けがつかないほどひとつに溶け合うさまは、神秘的な感動さえ呼び起こされる。私はドイツへ行くたびに、特に目的がなくとも、旅に疲れたときにも、この町に立ち寄るのが習わしのようになってしまった。

「パッサウは世界の最も美しい七つの町のひとつである」

と言ったのは、地理学の祖、生態学の祖と呼ばれ、世界中を旅行したアレクサンダー・フォン・フンボルトである。この言葉を知ったのはだいぶ後になってからであるが、私も「ドイツで一番好きな町は?」

と聞かれたら、迷わず

「パッサウ」

と答えるであろう。

一九七一年のパッサウ滞在中のある一日、私は郊外にあるカロッサのお墓に詣で、リットシュタイクのカロッサの家を訪ねた。タクシーの運転手に案内してもらったのである。お墓はハイニング墓地の左手奥にあった。長方形の石棺型のお墓で、その周囲を埋めつくすようにキヅタが生い茂っていた。お墓には、カロッサの名前と、生没年と、四行二連の詩が次のように刻まれていた。

HANS CAROSSA
*15. XII. 1878
†12. IX. 1956

GESTIRNE STEIGEN
DA WIRD NOCH KLARER
DEIN STILLER AUFTRAG
NOCH WUNDERBARER

ES RAUNEN QUELLEN
UNIRDISCH LEISE
TIEF WILL ICH SCHLAFEN
AUCH RAST IST REISE

これはDer Bote（使者）という題名の、四行十六連の詩の第十四と第十五連の詩句で、訳すと次のようになる。

星々が空に昇る
するときみの静かな使命は
ますますはっきりと
ますますすばらしいものとなる

泉がこの世のものとも思えない
かすかな音を立てて流れている
ぐっすりと私は眠りたい
休息もまた旅だ

カロッサの家は、このときは訪ねたといっても生け垣の透き間から覗いて見ただけである。広い芝生のある美しい庭園の奥に、どっしりとした、黄色い二階建ての家があった。黒っぽい猟犬が出て来た。のぞき見をしている怪しげな私を見ても、吠えることもなく、主人を敬愛する害のない人間であることがわかったかのように、尾を振って歓迎してくれた。

郁文堂の雑誌“Brunnen”Nr. 188（一九七六年十二月号）に、創価大学の渋谷徳義教授が「カロッサの墓」と題するエッセイを書いておられる。引用をさせていただきながらその要旨を紹介させていただく。

一九七四年八月、パッサウ市でカロッサが開業していた医院の跡を探していた教授が、二人のドイツ人にその所在を質問したところ、医院はもう町がすっかり変わってしまってわからないが、郊外の晩年の家ならよく知っている、と車で案内してくれた。そして晩年の家については、こう描写されている。

「広い庭には一面に雑草が伸び放題に生い茂っていて、もう長いこと人の通った気配さえもない。その中を踏み分けて20〜30歩ほど入った所に、古い大きな田舎風の2階建て。所々に小さな明かりとりの窓のある白壁造りの1階は、一見して農家の土蔵の感じがしたのも無理はない。W氏の言うところでは、この家はもと農園を営んでいたカロッサ夫人の実家だったとのこと——。1階と同様に元のまま手を加えた跡も見えない2階は、古い素朴な木造で、ちょっと趣のある欄干のついたヴェランダが張り出している。現在この家には誰も住んでいない模様で、入口の扉は堅く閉ざされていて、W氏が何度か強くノックしてみても、あたりは森閑としていて、さながら廃家の趣である」（原文横書き）

続いて案内されたカロッサの墓についてはこう書かれている。

「その家から車で数分のところに、所々こわれかかった木柵にかこまれている農村風の共同墓地がある。入り口の木の扉を排して中に入ると、左側のいちばん奥の方の、まだ真新しい立派な墓の隣に、これはまた、あたり一面に生い茂っている蔓草に半ば覆われて、柩の形をした質素な墓がひっそりと横たわっていた」

このあとに、前掲の墓碑銘、詩の引用があり、次のように結ばれている。

「それにしても、大小の詩人や作家に縁故のある土地には、競って詩碑や文学碑が建てられ、訪れる人も後を断ない日本の現状にくらべるまでもなく、カロッサほど愛されるべき詩人――カロッサほどパッサウを愛した作家が、没後まだ二十年ほどしか経たないというのに、まるで早くも忘れ去られてしまったかのように、その墓は蔓草のはびこるがままに一輪の花さえ供えられていず、晩年のあの家も荒れるがままにゆだねられて、顧みる人とてもない有り様は、一体なんとしたことだろう。パッサウ市の当局と市民は、よろしくこの墓とあの家を、少なくともパッサウ市の文化財に指定して、丁重に保存して然るべきではないだろうか」

ご説ごもっとも、と賛同したいところだけれど、これを初めて読んだとき、私はびっくり仰天してわが目を疑い、何度も読み返した。カロッサの家と墓についての描写が、私の受けた印象とあまりにも違っていたからである。

前述のように私は一九七一年に、カロッサの家と墓を訪れた。庭園は「一面に雑草が伸び放題に生い茂って」どころか、広い芝生があり、あちこちにバラやユリなどが美しく咲く手入れのゆきとどいたイギリス風の庭園であった。二階建ての家も、「白壁」ではなく、黄色い壁であり、「廃家の趣」などまったく感じられなかった。渋谷教授は、別の家に案内されたとしか思え

エーファ・カンプマン－カロッサ夫人

カロッサ邸と庭園
エーファ夫人と筆者の次女

ないのである。

渋谷教授が行かれたのと同じ一九七四年の八月には、カロッサの令嬢、エーファ・カムプマン-カロッサ夫人にお茶に招かれて、私は家内（先妻）とともにその家に伺い、書斎に案内され、カロッサの原稿や初版本や文人・知名人からの書簡のファイルを見せていただいた。さらに、その二年後、再度招待を受けて、娘二人とともに一家四人で伺った。写真はそのときのものである。写真に写っているプールは、温水プール（中に入っているのは下の娘）である。

カロッサの墓については、「あたり一面に生い茂っている蔓草に半ば覆われて」とか、「その墓は蔓草のはびこるがままに一輪の花さえ供えられていず、……顧みる人とてもない有り様」というところに強い違和感を覚えた。

石棺型の墓のまわりを埋めつくすように生い茂っているのは「蔓草」ではなく、キヅタである。もっと正確にいえば、ドイツではエフォイ（Efeu）と呼ばれているセイヨウキヅタであるが、セイヨウキヅタには五百種を超える園芸品種があるといわれ、種を特定することは難しい。キヅタは常緑の蔓性木本であり、墓を飾るために植えられたものである。カロッサの墓は、私がこれまで訪ねた文人の墓の中でも最も印象深いもののひとつである。

このほかにも、パッサウを訪ねた人から、

「カロッサはもう忘れられてしまったのではないか。タクシーの運転手に聞いても、住んでいた家やお墓の所在もわからないのだから」

と聞かされたことがあるけれど、これなどは、運転手がたまたま外国人労働者だったためであろうと思われる。カロッサは決して忘れられてはいない。年配の人はたいていカロッサを知っている。リットシュタイクのカロッサの家は、ハンス・カロッサ文書館《アルヒーフ》になっており、家の前の通りは「ハンス・カロッサ通り《シュトラーセ》」になっている。また最近、インゼル書店から詩人自選による『ハンス・カロッサ詩集』が出版されて、注目されている。

「未定」九号　二〇〇三年

ジャン・コクトー　二十世紀のレオナルド・ダ・ヴィンチ

行きつけのバーのママ（といっても、マダムではなくマドモワゼル）は、とても魅力的な人で、シャンソンがうまい。プロ顔負けである。ギターを弾きながら唄う歌は惚れ惚れとする。フランス語の発音がすばらしく、かといって、ややもするとそういう人にありがちな気取ったところや生意気そうなところが微塵もない。その彼女が、常連客の強い希望でライブをやったことがある。そのとき私はファンを代表してこんな挨拶をした。

「……私は高校一年のとき初めてフランス映画を観ました。それは、J・デュヴィヴィエ監督の『パリの空の下セーヌは流れる』でした。それ以来私はすっかりフランス映画に魅せられて、乏しい小遣いをはたいて当時観ることのできたほとんどすべてのフランス映画を観てまわりました。そして映画やレコードを通してシャンソン・ファンにもなりました。後年、D・E・シュミット『シャンソン・ド・パリ』（朝日出版社）という本も翻訳して、当時シャンソンの生き字引といわれた蘆原英了さんに長文の解説を書いてもらったこともあります。シャンソニエにもよく顔を出しました。銀座をはじめとする東京のシャンソニエはもちろん、北は札幌の銀巴里から南は福岡の洗濯船まで行きました。けれど本場のシャンソンは大好きでも、日本のシャンソン、とくに宝塚系のシャンソンはあまり好きになれませんでした。日本のシャンソン歌手で好きになったのは片手で数えるほどしかいませんでした。今日歌ってくれるUさんがその数少ない中のひとりです。Uさんとは数年前に知り合ったばかりですが、彼女のシャンソンを聴いたとき、この人の歌はちょっと違うぞと思いました。とにかくUさんはフランス語の発音がすばらしい。日本でこれほどフランス語の発音のうまい歌手はそんなにいないと思います。もちろんUさんの歌にも探せば欠点がないとは言えません。が、そのほとんどは経験不足に原因があることだと私は思います。とくに今日は初めての発表会なので……」

このとき唄われたリクエスト曲・アンコール曲併せて十九曲は、歌と拍手の部分だけに編集されてCDになっている。

一カ月半ほど前、そのママから相談を受けた。彼女のシャンソンのファンであるO夫人から、こんな依頼を受けたという。日本の大学院で学びたいというフランスからの留学生のホームステイを引き受けることになったので、その青年が来日したら歓迎パーティーを開きたい、そのときにシャンソンを唄ってほしい、というのである。

「一応お受けしたんですけど、フランス人の前でシャンソンを唄うのって、どうなんでしょう。それよりも、日本の歌を唄った方がいいんじゃないでしょうか。簡単な童謡を唄って、できたら覚えてもらうんですよ」

「そうだねえ。それでどんな歌を考えているの？」

「『シャボン玉』とか『海』とかは、どうでしょう」

と言って、彼女は唄い出した。私も合わせて唄った。

シャボン玉

シャボン玉　飛んだ
屋根まで　飛んで
屋根まで　飛んで
壊れて　消えた

シャボン玉　消えた
飛ばずに　消えた
生まれて　すぐに
壊れて　消えた

風　風　吹くな
シャボン玉　飛ばそ

海

海は広いな　大きいな
月が昇るし　日が沈む
海にお船を　浮かばせて
行ってみたいな　よその国

「うん、いいねえ。それを唄って、覚えてもらって、それからシャンソンを二、三曲唄ったらどう?」

と私は言った。そしてたまたまその童謡の言葉に関係のあるジャン・コクトーの二篇の短い詩を思い出して、提案した。

「その童謡のあとで、ジャン・コクトーのこんな詩を原詩といっしょに披露したらどうだろう。フランスの青年も、集まった人たちもよろこぶんじゃないかな」

ジャン・コクトー

シャボン玉

ジャン・コクトー
堀口大学訳

シャボン玉の中へは
庭は這入ませんン
まはりをくるくる廻ってゐます

耳

私の耳は貝のから
海の響きをなつかしむ

「それはいいわね！　ぜひやってみます。原詩も教えて下さい」

とママは言った。

期日までに一週間ほどあったので、簡単に調べられると思って、私は約束した。

家に帰ってから、『月下の一群』を見てみた。「シャボン玉」も「耳」もほぼ記憶していた通りであった。あとは原詩探しだか、すぐに見つかるだろうと高をくっていた。ところが、これが簡単にはいかなかった。まず、『月下の一群』には、出典などは書かれていなかった。岩波文庫の『対訳フランス名詩集』にあるかもしれないと思って調べてみたが、コクトーの詩は「踊り子」しか載っていなかった。コクトーの詩集を手にいれて探すほかないと思って調べてみたけれど、大学の図書館にもなく、仏文の友人にも問い合わせてみたが、持っていなかった。

次ぎにバーへ行ったとき、この『月下の一群』の原詩探しの話をしていると、飲み仲間のO氏の友人で元編集者のH氏が、本を探すのはインターネット検索もいいけれど、広尾の中央図書館に電話してみると意外にいいですよと、電話番号を教えてくれた。

翌日、中央図書館に電話をかけてみた。

「ジャン・コクトーの詩集、それも、堀口大学の『月下の一群』に訳されている詩が入っているものを探しているのですが、あるでしょうか?」と。

「少々お時間をください」

ということで、再度電話をすると、

「Jean Cocteau の"Œuvre poétiques completes"(全詩集)になら載っていると思いますが、この本は中央図書館にはなく、多摩図書館にあります。取り寄せるのに一週間ほどかかりますが、どうしましょうか」

と親切に教えてくれた。私は、丁寧にお礼を言って、

「急いでいるので自分で探してみます」

と電話を切った。

まず、神保町にある仏文関係の洋書を専門に扱っている田村書店に電話をしてみたが、コクトーの詩集は今在庫がないということであった。続いて紀伊国屋に聞いてみたが、やはりなかった。それで半ばあきらめの気持ちで、丸善に電話してみると、なんと、"Œuvre poétiques completes"が一冊だけあるという。それを取り置いてもらって、早速買いに行った。

研究室に戻って、「シャボン玉」と「耳」の原詩探しにとりかかった。これもすぐに見つかるだろうと思っていたところ、これがまたなかなか大変だった。二種類の索引を見ても、それらしいものは出ていなかった。おそらく題名のない詩なのであろう。覚悟を決めて一頁一頁見てゆくしかないと思ったけれど、二千頁近い本で、しかも二行、三行の詩句がやたらに多いので途方に暮れた。それでも、初期の詩であろうから、前半にあるにちがいないと気をとり直して探し始めた。なかなか見つからなかった。隣室の仏文の先生が学生の卒論指導をしていたので、その合間に聞いてみた。が、"la bulle de savon"（シャボン玉）も"oreille"（耳）も索引に出ていないので、短時間では無理です、ということであった。ところがなんとなくパラパラと頁をめくっているとき、不意に"savon"という単語と"jardin"という単語が眼に飛び込んで来て、行き過ぎた頁を戻して探してみると、一八〇頁に間違いなく探していた詩句があった。次ぎのような四行の詩句であった。

Dans la bulle de savon
le jardin n'entre pas
il glisse
autour

そしてまもなく、やはり偶然に、奇跡のように二〇二頁に次の詩句が見つかった。まるで海岸の砂の中に落とした二粒のダイヤがキラリと光って所在を教えてくれたような感じであった。

Mon oreille est un coquillage
Qui aime le bruit de la mer

コクトーの『全詩集』を研究費で買う手続きをしていると、いつも世話になっている女子職員Aさんが
「いま『ジャン・コクトー展』をやっていますね。ご覧になりました？」

と言った。

「え？　それは知らなかったなあ、どこでやっているの？」

と言うと、

「三越です。期日があまりありませんけど、よろしかったらどうぞ」

と招待券を二枚くれた。偶然とはいえ、コクトーに関することがよく続くなあ、と思った。

コクトー展最終日の前日に、私はママを誘って見に行った。思っていたよりもはるかに充実した展覧会で、驚いた。私はジャン・コクトーについては、ほんの少ししか知らなかった。文学作品は翻訳された若干の詩と、小説『恐るべき子供たち』くらいしか読んでおらず、よく観たと思っていた映画も『悲恋』(これはコクトーは脚本のみ、監督はジャン・ドランノワ)『美女と野獣』『双頭の鷲』『恐るべき親達』『オルフェ』だけで、最初の作品『詩人の血』と最後の作品『オルフェの遺言』は観ていない。あとは、彼が男色家であったこと、阿片中毒者であったこと、シャンソン歌手エデット・ピアフが死んだ知らせを聞いてショックを受けて死んだこと、ジルベール・ベコーが『詩人が死んだとき』をつくって、パリじゅうの人びとが彼の死を悼んだこと、などを聞き知っていた程度である。

けれどこの展覧会を観て、私はいまさらながらジャン・コクトーの多才ぶりに驚嘆した。詩人であり、小説家であり、劇作家であり、オペラ作家であり、映画監督であり、画家であり、彫刻家であり、陶芸家であり、デザイナーである。その美術作品も、素描、パステル画、水彩画、油彩画、タペストリー、舞台装置、陶磁器、金細工など実にさまざまな種類に及んでいる。

また、ピカソ、モディリアーニら画家、アポリネール、ラディゲら文学者、オネガー、プーランク、オーリックら作曲家、俳優、女優、舞踊家、歌手、その他各界著名人との多彩な交友がある。まさに「古き良き時代」から「狂乱の時代」を代表する多才な芸術家であり、二十世紀のレオナルド・ダ・ヴィンチといわれるのもうなずける。

この展覧会を観ながら、私は、ジャン・コクトーの芸術は、詩文とか、映画とか、絵画とかのひとつひとつの分野別に評価されるべきではなく、彼の全生涯の作品群の総体、彼の人間性や、交友関係までも含めて評価されなくてはならないと思った。それらがすべて関わりあっているように思われるからである。

また私は、コクトーの何点かの「貴婦人と一角獣」の作品を見ていて、リルケの『マルテの手記』にあるクリュニー美術館の「貴夫人と一角獣」の描写を思い出し、コクトーの一連の「オルフェ」作品を見て、やはりリルケの『オルフェウスに寄せるソネット』を思い出していた。コクトーがリルケを読んだことはあるのだろうか？　コクトーは詩を作れるほどドイツ語がよくできたらしいし、リルケの作品は仏訳もたくさん出たようであるから、あながちありえないことではないように思う。暇になったらこんなことも調べてみたいものである。

このほか、この展覧会で特に眼についたのは、コクトーから堀口大学に贈られた、献辞と素描とサイン入りの多数の著書である。堀口大学はコクトーの日本初の、そして熱心な紹介者である。コクトーが一九三六年に来日したとき、堀口は、その宿泊先の帝国ホテルに五日間同宿して東京を案内したという。よいものを見せてもらった。

フランスからの留学生の歓迎会は、先方の都合で取りやめになってしまった。そのために準備したことは役に立たなかったわけである。留学生がどのような反応を示すか興味があっただけに、ちょっと残念であったけれど、無駄なことをしたとは思っていない。むしろおかげで楽しい思いをさせてもらったという気持で、とりとめのないことではあるけれど、忘れてしまわないうちに書きとめておこうと思ったわけである。

「未定」十号　二〇〇五年

児玉清　亡くなって最も心に残る人

児玉さん（学生時代から「タマさん」と呼んでいたので、以下「タマさん」と呼ばせていただく）と最後に会ったのは、二〇一〇年の十二月二十日であった。朝日出版社原雅久社長と私と三人で、毎年暮に会食・飲み会をするのが恒例になっており、超多忙なタマさんには昨年も十月頃から都合のつく日を頼んでおいて、やっと二十日に決まったのだ。出版社に現れたタマさんは、少し痩せた感じで、口ひげを生やしていたけれど、元気そうであった。

「こんなものをつくったよ」

と、タマさんはお得意の切り絵を十二枚使った二〇一一年度のすばらしいカレンダーを十部ほど持ってきてくれた。

私たちはまず、ふぐの名店「つきじやまもと」へ行った。タマさんは子供の頃に、あたったのが原因でカニとエビが食べられないと言っていたので、社長が予約しておいた店だ。ところが、タマさんは

「もうカニもエビも食べられるよ」

と言って、われわれを驚かせた。

「おいしい、おいしい」

とコース料理を食べながら、タマさんは最近のおもしろい出来事について話してくれ、なつかしい思い出話にも花が咲いた。タマさんの話はいつ聴いても劇的でおもしろい。私は、たまたま見たNHK・BSの、探検・観光旅行、美術品鑑賞、動植物・昆虫調査などの実録番組の編集長になったことについて聞いた。タマさんは、

「そうなんだよ、今年ほどじゃないが、来年もいそがしくなりそうだ」

と言った。

食事が終ってから、銀座のクラブ「グレ」へ行った。さすが人気者のタマさんの両側には入れかわり立ちかわり美人女性がついて、楽しそうであった。私は、初めから隣に坐っていた女性を相手に、タマさんと知り合った頃の話をした。一時間ほどでグレを出て、バー「まさき」へ行った。まさきのママは、私の仕事場のある信州富士見高原に「ツェルマット」という西欧の民芸品を扱うすてきな軽食喫茶店を開いて、週末や連休のときはそこへ行っている。二階が貸し画廊になっているので、タマさんの切り絵の個展をやろう、仕事場に全自動の麻雀卓も置いてあるので、暇になったら久しぶりで麻雀もやろう、という話になって、今年のお盆休みのころ行こうということになった。三人は十二時頃別れたが、これがタマさんとの最後の別れになるなどと、あのとき誰が思ったろう。

三月十一日の大震災のあと、タマさんに関して、

「肝臓機能障害のため、すべての仕事を休んで、病気の治療に専念する」

という主旨の記事が新聞に出た。私は早速電話をした。原社長も心配して連絡をとってほしいと言っていたので、その後も何度も電話をした。何度電話をしても、空しく呼び出し音が鳴るばかりで、留守電にもなっていなかった。四月に入ってから、タマさんと奥さんに宛てて速達を出した。

「大変心配しています。入院しておられるのでしたら、病院を教えてください。お見舞いに行ってもよいのか、ご遠慮した方がよいのか教えてください」

という内容であったが、お返事はなかった。私は、もしかしたら、原発事故の放射能を避けて、お孫さんを連れて、一家でハワイへ行ってしまったのかもしれない、と思った。ハワイに別荘があると聞いていたので、社長にもそう伝えた。原発事故直後、ドイツ大使館員をはじめ、ヨーロッパの大使館関係者は急遽大阪に移り、ドイツやヨーロッパから来ている人や、観光客を特別機で帰国させたし、三月に来日予定であったドイツの友人も中止の連絡をしてきた。チェルノブイリの原発事故で、放射能洩れの危険性を骨身に沁みて知っていたからであろう。このような情報を聞くにつけ、タマさんのハワイ行きは次第に確信に変わった。

ところが、五月十八日、突然、先輩の高橋康也氏から、北川清（児玉清の本名）が十六日に亡くなったこと、護国寺で二十日にお通夜、二十一日に葬儀・告別式があるというファックス

が届いた。私は仰天した。仕事を休んでからあまりにも早かったこと、ハワイへ行っているとばかり思いこんでいたのに、東京の病院に入院しておられたことを知ったからである。高橋氏に電話をして詳しいことを聞き、お通夜、告別式で手伝えることがあったら何でもします、と申し上げたが、ご長男の大祐さんと打ち合わせてほとんどの段取りはすんだので、学習院関係の方々に連絡を取ってくれればいい、と言われた。

聖路加病院に転院してから、タマさんは会いたい人に電話をかけたという。もしかしたら、五月の連休の頃、私のところにも電話があったかもしれないが、私は一家で信州富士見の仕事場に出かけていた。一目会いたかったのに残念なことであった。

タマさんが亡くなった反響は大きかった。テレビでも、新聞でも、週刊誌でも、追悼特集が組まれた。特に印象に残ったのは、「週刊現代」に「死んで分かる、心に残る人、残らない人」という特集記事が組まれ、タマさんが「心に残る人」二十人のトップに立ったことである。私も、「フジテレビ」「読売新聞」「週刊文春」から取材を受けて映像・談話が放映・掲載された。

タマさんは、学習院大学ドイツ文学科で、私の一年先輩であった。高校時代英語がまったく苦手であった私は、ドイツ語を第一語学（都立北園高校では英語のほかにドイツ語、フランス語、中国語を学ぶことができた）として、一九五五年の大学受験もドイツ語で受けた。そのため、ドイツ文学科では、初級ドイツ語の履修が免除され、一学年上の、つまり小玉（タマさん

大学３年のタマさん（右）と２年の筆者　大磯海岸

の旧姓）さんたちのクラスに入って独文関係の授業や講義を受けることが許されたのである。タマさんのクラスは男性三人、女性五人の少人数クラスだったので、私はタマさんとすぐに親しくなった。タマさんも私が後輩である気安さから、どこへでも連れて行ってくれ、何でも話してくれた。

当時は喫茶店がたくさんあり、私たちはよく喫茶店に籠《こも》って、駄弁《だべ》った。映画の話、芝居の話、野球の話、競馬の話、女性の話……、何を話してもタマさんの話術は絶妙で、劇的で、おもしろかった。ドイツ文学をやっているのに、フランス映画が好きで、私も高校時代から古いフランス映画に夢中になっていたので、話がよく合った。タマさんの特に好きな映画は『肉体の悪魔』で、七回観た、あのジェラール・フィリップとミシュリーヌ・プレールは何度見てもすばらしいと言っていた。二人でよく、渋谷の映画館、今はない目白の白鳥座、エビス本庄、日活名画座などに行った。尾山台にあったタマさんの家にもよく行って、将棋をしたり、麻雀をしたりした。麻雀では、九面待ちの純正の九連宝塔を上がり、「アコちゃん、死ぬなよ」と言われたのをよく覚えている。

学生結婚をしていた私は、独協学園に就職したのを機会に、目白駅から三分の、当時としてはちょっと贅沢な部屋を借りていた。東南に出窓のついた四畳半に小さなダイニングキッチン、風呂と専用電話がついていた。近くに劇団「青俳」の稽古場があって、所属の何人かの女優さんたちがよく遊びに来た。岡田英次、木村功、きんちゃん（蜷川幸雄）らの話題が出たり、ウクレレを弾きながらいろいろな歌をうたったりした。そこへ当時まだ暇だったタマさんや、フランス留学から帰ってきたばかりのデリボ（篠沢秀夫さん）もよく来て、特に家内が実家に帰っている夏・冬・春の学校が休みの時期（私は独協学園に勤め、家内は大学院の学生であった）には、誰の家だか分からないような様相を呈した。東京オリンピックの前、買いたてのオープンテープレコーダーを珍しがって、タマさんは、さまざまな実況放送の真似をしたり、歌をうたったりして吹き込んだ。

タマさんの思い出は山ほどあって、何を書いたらよいか迷うけれど、ここでは、多くの追悼文に出てこなかった阿部さんとタマさんのことを書いておきたい。

あるとき、総髪髯ぼうぼうの、三つ揃いの背広を着てネクタイをしめた見知らぬ人がタマさんの家を訪ねて来て、

「私は阿部と申します。予言者です。あなたが俳優さんだと聞いてきました。何でも訊いてください。お答えします」

という。こんなとき、普通ならお断りするところだが、タマさんは何か感じるところがあって、応接間に通して話を聞いた。

阿部さんは、終戦直前の七月中国大陸にいて、日本に火の玉が二つ落ちて負けるという天の啓示を受けて帰国し、以来十四年間出羽三山等の山にこもって修行した。その最後の時期の祈禱中に突然自分の身体に神が降り下って、三日三晩金縛り状態で神の啓示を受けた。そして、娑婆の世界を清め、世直しをするようにとの命を受けて、山を降りてきたという。

「何でもお訊きください。料金はいりません」

と言われても、俳優としての将来についてはちょっと不安で訊く気になれず、当時熱烈な巨人ファンだったタマさんは、プロ野球が始まった時期でもあったので、セリーグの優勝チームはどこかと尋ねた。阿部さんは、

「野球のことはまったく知らないので、野球の神様に聞いてみます」

と言って、意味不明の呪文を唱えた。梵語で天界と通信しているのだという。

「神さまがお見えになりました。さあ、質問してください」

「今年巨人は優勝しますか?」

「はい、優勝します。それだけでいいんですか?」

「ええ、結構です」

「それでは神様にお帰りいただきます」

と阿部さんは、また梵語の呪文を唱え、一礼して
「サンキュー・ベリマッチ」

と言った。唖然としたタマさんは、山伏修行をした人が、「サンキュー・ベリマッチ」はないでしょう、というと、阿部さんは少しも騒がず、

「だって、あなた、野球の神様はアメリカ人ですよ」

と答えた。よく考えてみると、その通りなので、タマさんは「なるほど、違いない」と思って、心の底からおかしくなって笑い転げたという。このことがあってから、タマさんと阿部さんの付き合いは、阿部さんが亡くなるまで三十数年続いた。

阿部さんは、実に不思議な能力というか、霊感をもった人で、私たちは彼、阿部聖照さんを「阿部神」と呼んだ。その不思議な霊力が一般の人びとからはもちろん、多くの会社の社長たちにも信じられて、阿部神は、まもなく立派な道場をもち、毎年帝国ホテルで忘年会をやるまでになった。

阿部さんには二冊の著書がある。一冊は『神様の子守歌』(富士書店 一九八三年)で、タマさ

阿部聖照氏の著書（右）と対談集　ともに児玉清装丁

んがカバーの装丁画を描き、「神様のユーモア」というまえがきを書いている。もう一冊は阿部聖照・児玉清『神様と人の関係』（富士書店 一九八五年）。これは二人の対談で、タマさんが一般読者の代表として、いろいろなことを質問し、阿部神がこれに答える形式になっている。やはりタマさんの装丁画、と「人間と神と」のまえがきが付いている。どちらの本の題字も、北村西望（長崎平和記念像の作者、文化勲章受章者）の書である。霊魂に関する話は、タマさんにも、一般読者にもなかなか理解できないところもあるが、傾聴すべきところも随所に書かれている。いくつか要旨を述べると

「日本の神仏は儲けさせるようにできている」

「食料危機、エネルギー危機は、必ず何かが発見されて解消される」

「東北にはいろいろの因縁がある。東北には悪いものがみんな行って溜まる。だから鬼門という」

「孤独の罪は恐ろしい。子どもも離れ、親兄弟も離れ、友だちもいなくなる。そして自分だけが寂しく養老院で生きてゆくわけだ。これは世の中を嫌い、神の法則に合わない生活をしたからだ」

「生れたくて生れたんじゃない、などという人がいるが、とんでもない。生れたいという強い本能をもって、他の無数の精子を押しのけて生れてきたことを忘れてはならない」

　等々である。

じつは、私も、タマさんと阿部神に救われたことがある。私と先妻との長女が、小学校入学前の年の暮、保育園から帰ったとき、表情がなんとなくおかしいので、よく見ると、顎が長くなっていた。本人にも保育園にも聞いてみたが、転んだり、怪我をしたりしたことはないということ。私は翌日、私自身が救われたことのある目白台の東大分院へ連れて行って診てもらった。するとショッキングな答えが返ってきた。

「一週間観察して、顎が今よりも長く伸びてきたら、骨肉腫の疑いがあるので、すぐに入院の準備をして来てください」

というのだ。それからの一週間、「何ごともありませんように」と祈りながら過ごしたが、空しかった。明らかに顎が長く伸びてきたのである。早速病院へ連れて行った。そして精密検査の結果、「骨肉腫」と診断され、

「お辛いでしょうが、覚悟をしてください。顎をとる手術をしなければなりません。言葉が話せなくなりますから、社会復帰の訓練が必要になります」

と言われ、愕然とした。手術日も年明け早々と決まった。

その翌日、朝日出版社（当時飯田橋にあった）で手伝いをしていた私は、タマさんに電話をした。用件がすんでから、近況を聞かれて、誰にも話すまいと思っていた娘のことを話してしまった。するとタマさんは、

「それは大変だね。いまちょうど阿部さんが来ているから、話してみたら」

と阿部さんに代わってくれた。話を聞いた阿部さんはきっぱりと、

「それはお骨《こつ》の問題です」と言った。

「え？　お骨の問題って、どういうことですか？」と私。

「供養していないで、ほったらかしになっているお骨はないですか」

「ありません。実家もお寺なので、供養してないお骨なんてないと思います」

「奥さんの実家はどうですか？」

「それは……、わかりませんが……、帰ったら聞いてみます。それで、もしもあったら、どうすればいいんですか？」

「お寺へ届けて、供養してもらって、埋葬しなさい。そして、お地蔵さんに一所懸命祈願しなさい。そうすれば、お嬢さんの病気は小学校に入る前に治りますよ」

何とも信じられない話であったが、家に帰ってから、私は家内にこの話をした。すると家内は、

「もしかしたら、家にあるかもしれない」

と言って、翌日、三重県鈴鹿の実家へ行った。その家は、祖父が亡くなってから誰も住んでいなかった。

「もしかしたら、あるかもしれないと思っていたけど、ありそうもないわね」

と電話がかかってきた。それはそうだろう、と思ったが、数時間後、驚くべき電話がかかってきた。

「仏壇の下の重ね引き出しに古い手紙がたくさん入っていて、それを次々に読んでいるうちに、何も書かれていない茶封筒が出てきて、その中に人間の指の骨かと思われるお骨が一本入っていた」

というのだ。家内はそれを土地のお寺へ持っていって、事情を話し、丁寧に供養・埋葬してもらって、帰ってきた。そして私たちは、私の生れた寺、赤羽の普門院にある一地蔵様、六地蔵様にお供えをして、お祈りをした。

病院へ行くと、担当医が、首をかしげながら言った。

「患部の状態に変化が見られるので、手術は少し延ばして様子をみることにします」

その後、手術は中止され、病名は骨髄炎に変更された。

「ともかくよかったですね。けれど、永久歯になった下の歯二本は助からないでしょう」

と言われた。想像するだに恐ろしい顎のない無残な娘の顔、そして言葉を失うことに比べれば、歯が二本失われるだけですむのは、何とありがたいことだろうと、ホッとしたことを、今

タマさんと筆者の長女　北川邸 1986年

でもありありと思い出す。

ところが、二月に入ると、骨髄炎も跡形もなく治ってしまって、二本の歯も無事であった。本当に阿部さんの予言通りになったのである。まさに阿部神様様、児玉様様で、どんなにありがたく思ったことだろう。

この不思議な話は、これまでごく身近なわずかな人にしか話したことがなく、もちろん書いたのは初めてのことである。

何年か後、夏休みに一ヶ月ほど渡欧したとき、阿部さん、タマさんと十日ほどいっしょに旅行する機会があって、パリから、スイスのベルナー・オーバーラント、ハイデルベルク、ライン下り、ミュンヒエン、パッサウなどを案内させていただき、受けたご恩の何万分の一かをお返しできたことは、ありがたいことであった。私よりも早く渡欧していたタマさんを「案内した」などと

ドイツの少女たちと阿部さん　ハイデルベルク 1975年

いうのはおこがましい話だけれど、前記のコースは、タマさんも初めてで、喜んでくれたのである。この旅行で、愉快だったのは、行く先々のホテルで記帳するとき、職業欄にProphet（予言者）、Schauspieler（俳優）、Professor（教授）と書いたのを見て、ホテルマンが目を丸くしたことである。また、阿部さんの不思議な能力、霊感も何度も見せてもらった。ハイデルベルクでは、遠足に来ていた女の子たちが、言葉も通じない阿部さんの周りを取り囲んで、いろいろ質問をしたこと、お城の地下で、ワインのサービスをしていたおばさんたちが、阿部さんの周りに集まってきて質問をし、タマさんと私がたどたどしい通訳をすると、みんな、阿部さんの答えが

「当たっている、当たっている」

といって驚いた。またライン下りでは、リュー

デスハイムのワイン酒場に立ち寄ったとき、
「ここでは、お客さんが一晩中飲んで、しまいにはテーブルの上に乗って踊り出す」
と私が言うと、阿部さんが
「それは、上に龍神様がいて、踊らせるのだよ」
と言った。山の上にDrachenfels(龍の岩)というのがあることを知っていた私はびっくりした、等々である。

お二人とは、私の大好きな町パッサウを案内し、ドーナウとイン川の合流点にあるホテルに泊まって、別れた。二人は、ヴィーンからイタリアへ入り、タマさんはローマからパリへ、阿部さんはローマ法王に会うと言っていた。

阿部さんが生きておられたら、ご長女の奈央子さんが手遅れになって亡くなることもなく、タマさんが手遅れになって亡くなることもなかったろうと思うと、ほんとうに残念でならない。

タマさんの追悼文なのに、阿部さんと私どものことを長々と書いてしまったので、十年前の九・一一、アメリカであのテロ事件があったときに書き、新潮社の「波」に掲載した児玉清『寝ても覚めても本の虫』の書評(次頁参照)を、新潮社著作権室から許可を得て掲載させていただき、拙文の結びとさせていただきたい。

「未定」十六号　二〇一一年

この秋一推しの読書案内

——児玉清『寝ても覚めても本の虫』

岡田朝雄

九月十日、児玉さんから、雑誌に連載した書評等をまとめた本を出版することになったので、その書評を書いてもらえないかという電話があった。先輩であり、書評家として著名な児玉さんの本の書評を書くなど私には荷が重すぎると思ったけれど、またとない光栄なことなのでお受けすることにした。

その翌日、あの世界を震撼させた同時多発テロ事件が起こった。世界貿易センタービルのツインタワーに旅客機が激突する衝撃的な映像を見ながら、私は以前児玉さんから贈られたT・クランシー『日米開戦』の、日本の747ジャンボ旅客機がワシントンの国会議事堂に神風攻撃をしかけるラストシーンを思い浮かべ、フィクションが現実の事件となった驚きに呆然としていた。

児玉さんの本のゲラ刷りが届いたとき、私はまっ先に問題の箇所を探した。やはり「世界を震撼させる二大ベストセラー作家」「〝ライアン〟はアメリカ人の心の具現者か」等の見出しの箇所にそれは書かれていた。

「一方日本のジャンボ・ジェット747旅客機による神風攻撃で、崩壊炎上するワシントンの国会議事堂から始まる物語がT・クランシーの『EXECUTIVE ORDERS』（邦題「合衆国崩壊」新潮文庫）。前作『日米開戦』（新潮文庫）のショッキングなラストシーンをそのまま引き継いで物語が進行する……」

「『日米開戦』と『EXECUTIVE ORDERS』と二作を通じて、日本を敵国とし、中国やアラブ諸国をあたかも悪魔とする小説が読者にある偏見を植えつけることは間違いないことだ。しかも作者が初版で二百万部以上を刷る超のつく人気作家とあれば、そのもたらす影響力の強さを看過することはできないだろう……エンターテインメントを愛する僕としては非常に気になるところだ」

興奮しながらこの箇所を読んだのち、本書を最初から通して読んだ。児玉さんほど話術のうまい人を私は知らないが、「話術の名手はやはり名文家であった」というのが偽らざる感想であった。「わが青春の岩波文庫」「僕にとっての稀覯本」「タイガー・ウッズとダブル・ボギー」「コンピュータvs.人間、チェスの対決」などは単なる書評を越えた名随筆だと思う。

言うまでもなく児玉さんは著名な俳優であり、同時に本誌「波」の八年間も続く名物コラム「エンターテインメントnow」

寝ても覚めても本の虫
児玉清 著　新潮社刊

の担当者として、また、ＮＨＫ、ＢＳⅡの「週刊ブックレビュー」の司会を務める書評家としても有名である。

無類の読書好きで、少年時代は講談本、学生時代はＳ・ツヴァイクの伝記や小説に熱中した児玉さんは、「文句なしに楽しい本」「読み始めたら面白くてやめられない本」が大好きである。これこそ読書の王道だと思う。ツヴァイクなどは、学会では「思想性がない」などと敬遠されがちだが、そんなことを言っているから文学が低調になってしまったのだと私は思っている。

本書は三章に分かれており、「いつもそばに本があった」に九篇、「本棚から世界が見える」に二十一篇、「わが愛しの作家たち」に六十三篇のエッセイや書評が収められている。イギリスとアメリカのベストセラー作家たちの作品紹介が中心だが、ゴルフ、野球、チェス、競馬、登山、旅行、映画など児玉さんの趣味と関係のある本の書評は一段と興味深い。また推理小説、ラブストーリー、大統領の秘話、テロ事件等々と盛りだくさんである。

たとえば、ほんの一例だが、「登場するヒーローたちはいずれも人間として懐が深く、読者を魅了して止まないが、今回のロビー（主人公・筆者注）も下手な役者など足元にも及ばぬ演技力を持ち、弁護士としてのしたたかさと、底知れぬ知恵の深さを兼ね備えている。その端倪すべからざる見事な人格に酔いながら、秋の夜長にどっぷりと浸ることができた」（「したたかな囮」文藝春秋『囮弁護士』評）などと読むと、どうしてもその本を読んでみたくなってしまう。

大学時代、若き日の篠沢秀夫教授らが中心の「フランス会」という語劇をやる劇団があって、ある年ラシーヌの『ブリタニキュス』を公演することになり、その主人公に独文科の児玉さんが選ばれた。児玉さんは、篠沢先輩らにフランス語の特訓を受けて、主役の長ぜりふを暗唱し、見事に大役を果たした。ひやかし半分に観劇に来たフランス大使館の人びとも、感嘆するほどの出来栄えであった。このエピソードは、後に俳優となる児玉さんの出発点となったばかりでなく、現在の、出版されたばかりのハードカバーを原文で読んで紹介するという大変な書評家の仕事の原点にもなっているように私には思えるので、ご紹介したわけである。

ともかく本書は、この秋一番にお薦めしたい一冊である。

（おかだ・あさお　ドイツ文学　東洋大学教授）

▼児玉清『寝ても覚めても本の虫』は、十月三十一日発売

岩淵達治　ブレヒト翻訳・研究の第一人者

岩淵先生が亡くなられた。伺ったところによれば、二〇一三年二月七日のたぶん十三時すぎに昼食を買いに行かれた帰りであろう、池袋駅近くの路上で、パンとコピー用紙などを入れた袋を提げたまま、くず折れるように倒れられたという。近くにいた人たちが介抱して、救急車が呼ばれた。戸山の国立国際医療研究センター病院に運ばれたが、手当ての甲斐なく、十三時五十八分に永眠されたという。

とてもつらく、悲しいことだ。やり残したこともたくさんあっただろう。――が、よく考えてみると、こんなことを言っては不謹慎かもしれないが、誰にも迷惑をかけずに亡くなったことは、私には大変うらやましく思われる。介抱したり、救急車を呼んだりした人たちは、少しも迷惑だなどとは思わなかったであろう。もし、ご自宅で亡くなったりしたら、眼の不自由な、ご病気の奥様はどんなに困って、つらい思いをされたことであろう。

先生に最後にお会いしたのは、一月八日であった。この日、新井深画伯のお宅に招かれて、ご一緒に新作の絵を観に行くことになっていた。池袋の駅で先生と待ち合わせて、新宿西口へ行くと、小岡明裕さんが来ておられ、程なくお迎えの車が来て、新井邸に向かった。

応接間で、お茶をいただきながら、画伯が四月に個展を予定しておられるという、二十歳代に描かれた緻密な鉛筆画や筆と墨で一気に描かれた絵を何点か見せていただき、岩淵先生は感嘆の声を上げられた。そのあとアトリエで新作の油彩画を六点拝見した。これらの絵は、来年計画されている個展のために描かれたものだそうで、いずれもすばらしい出来栄えで、先生は来てよかったとおっしゃっていた。

宴席では、日本酒「義侠」と宇久須の鯵鮨が出た。小岡さんと私は大好物で、たくさんいただいたが、岩淵先生はあまりお好きではなかったのか、一個召し上がっただけで、持参されたシャブリを飲みながら、揚げたてのてんぷらやおせち料理を食べておられた。話題は先生と画伯の接点である俳優座とその関係者のことが中心になり、お二人ともとても楽しそうであった。この日のことは、じつはかなり前から計画されていた。――二〇一二年六月に「未定」の同人会が朝日出版社で行われた。そのあと二次会をしようというとき、岩淵先生がご病気の奥様のために早く帰らねばならないので、みんなで分かれ道に立ち止まって、先生を見送った。そのとき新井画伯が、

「歩き方がだいぶ弱っておられるなあ。私の個展に来ていただくのは無理かなあ。家にお呼びして見てもらおうか」

とつぶやかれた。

岩淵先生と勲章

受勲祝に集まった教え子たち　1996年

「未定」十七号が出たあと、岩淵先生は秋の叙勲を受けられた。私はとうの昔にいただいていると思っていたのに、先生が叙勲を受けた方の中で最高齢者だったので驚いた。十二月六日に目白のレストランで、「未定」同人でささやかなお祝いをした。岩淵先生は、瑞宝中授章とともに外国でいただいた三つの勲章も持参して下さった。この会のあと、先生をご自宅までお送りするときに新井画伯邸訪問が決まり、日時は暮れにお電話でご都合を伺って決まった。

外国の勲章というのは、東ドイツ国民友好銀星勲章、オーストリアの学問芸術功労一等勲章、西ドイツの功労一等十字勲章で、三カ国から受章されたのは、おそらく岩淵先生が初めてではないだろうか。これをお受けになったときも、私がときどき行っていた目白の小料理屋で、教え子二十人が集まってお祝いをした。一九九六年八月十九日のことで、矢川澄子、児玉清がまだ健在だった頃である。

岩淵先生と私との個人的なお付き合いは、私が学習院大学ドイツ文学科に入学した一九五五年以来の五十数年間ということになる。その時期は三つに分かれる。①学生時代の四年間、②独協学園、東洋大学に勤めて目白に住んでいた時期、③赤羽の家に越してきて今年までである。私が演劇をやらなかったせいで、先生と私の話題は、自分の恥をさらすようなことばかりである。

一年のときは、教えていただく機会がなかったが、独文科の有志で沼津の保養所に海水浴にご一緒したことがある。先生は授業では厳しく、まじめという評判であったが、一歩外へ出ると、友だちというより、ガキ大将といった感じになり、率先していたずらやわるさをやって、われわれを喜ばせてくれた。このとき、私は先生から「ムス」というあだ名を付けられた。ムスというのは、ドイツ語 müssen の1・3人称単数形 muß だと言われていたが、じつは「ムッツリスケベエ」の略だそうで、先輩が持ってきた、尾崎士郎『ホーデン侍従』が話題になったときに付けられたらしい。私はおもに先輩たちから「ムス」とか「ムスケ」とか呼ばれていた。

三年のとき、学士入学をしてきた女性と付き合うようになった。その女性は、大学生や高校生の弟妹たちと東京に家を借りて住んでいたのだが、弟妹たちから姉が私と付き合っていることが実家にばれてしまった。親はカンカンに怒り、もう大学は辞めさせ家へ連れ戻す、と言ってきた。そのとき、岩淵先生が、私を弁護して、説得する手紙を書いてくださった。ありがたかった。われわれはその年の秋に、両家の同意を得ぬまま、駆け落ち結婚をした。岩淵先生にお願いして、先生方や学生たちには、卒業まで内証にしてくださいとお願いした。

岩淵先生の授業では、「上級ドイツ語」で、Ernst Jünger : Über die Linie を読んだこと、「ドイツ現代劇演習」で、Carl Zuckmeyer : Barbara Bromberg を読んだことをよく覚えている。講義「ドイツ演劇史」が、のちに先妻との共著『ドイツ文学案内』(朝日出版社一九七九、二〇〇〇年)を書くときに、大変役に立った。またある年の夏、上野毛の先生のお宅に大勢でおしかけて、Grabbe : Scherz, Satiere, Ironie, und tierere Bedeutung を分担して訳したことを覚えている。

岩淵先生がＤＡＡＤ（ドイツ学術交流会）に合格して、ドイツへ留学されることになり、歓送会をしようということになった。ある先輩の家、母親がダンスの先生をしておられ、広いダンスホールがある家が会場になり、みんながいろいろなものを持ち寄って、会が開かれた。このパーティーで、私がとんでもないことをして、せっかくの楽しい会をぶちこわしにしてしまった。紙コップにトリスに水（と思っていた）を入れたものを七杯くらい飲んでひどく楽しかったことは覚えているが、後はまったく記憶がない。――眼が覚めたのが午前三時ごろで、見知らぬ四畳半に酒癖の悪い先輩と二人で寝かされていた。ズボンをはいたままなので、どうしたのだろうと不安になってきて、廊下に出てみると、明かりが漏れている部屋があったので、ノックをした。そこは、パーティーにも出ていた後輩の部屋で、呼ばれて中に入ると、

「岡田さん、とんでもないことをしたね」

とその後輩は、私にまったく記憶のない、次のような話をしてくれた。

私がひどく酔って、ガラス戸をあけて靴も履かずに庭へ出て、隣の家の風呂場のモルタルのところで小便をしたらしい。ちょうど隣の家のおやじさんが風呂に入っていて、ガラス戸を開けて私を怒鳴りつけた。そのとたんに私はそのおやじさんの顔面を一発殴りつけたらしい。さあ、それからが大変で、そのおやじさんが風呂から出て、日本刀を引っさげて怒鳴り込んできた。

「あの男を出せ！　ぶった切ってやる！」

土建屋の社長さんだそうで、危険を察知した先輩たちがその前に私を担ぎ出し、近くに下宿していた後輩のアパートの空き部屋に寝かせた。——というのである。

私が水だと思っていたのは、先輩の一人が持ってきた薬用アルコールだということであった。

「八時に先輩たちも来てくれて、一緒に謝りに行くんですよ」

とその後輩に言われた。とても信じられない話であったが、薬用アルコールをそんなに飲んだとあれば、ありえないことではないし、ズボンが泥で汚れているところを見ると、信じないわけにはいかなかった。部屋に戻っても朝まで眠れなかった。

八時に、後輩の案内で土建屋の社長の家へいった。すでに先輩たちも数名来てくれていた。社長が二階から降りてきた。眉間を中心に額から鼻柱まで、境目がないほど腫れ上がっていた。私は玄関のたたきに土下座してお詫びをした。

「見れば、まじめそうな奴じゃないか」

と社長は言って、私にだけ二階へ上がるように手招きした。私は、何をされても、何を言われてもしかたがないと覚悟をきめて上へ上がった。社長は、暴力を振るうこともなく、怒鳴ることもなく、

「薬用アルコールを飲まされたんだって?」

と言った。

「知らずに飲んでしまいました。申し訳ございません」

と私はひたすらお詫びした。先輩たちが、薬用アルコールのことを説明して、記憶喪失状態であったと説明してくれていたらしかった。

「昨夜だったら勘弁しなかったが、素直に詫びに来たのに免じて、許してやる。もういい」とあっさり無罪放免してくれた。先輩たちや、会場を貸してくれた先輩の家の方がお詫びをしてくれたおかげである。本当にありがたく、何とお礼を言ったらよいかわからなかった。みんなと別れてから、岩淵先生に電話をして、会を台無しにしてしまったお詫びと、先輩たちのおかげで、社長に許してもらったことを報告した。先生は大笑いして、「よかった、よかった」と言ってくださった。

独協学園に就職をした機会に、当時としてはちょっぴり贅沢な目白のアパートを借りた。部屋代が初任給では足りなかった。先生のお宅と近くなったので、先生に呼ばれたり、私のアパートに来ていただいたりして、頻繁にお会いする機会があった。麻雀はよくやった。お相手は、タマさん（児玉清）、阿部神（阿部聖照さん）、新劇の俳優さん、女優さんなどで、ときどき白健こと、白井健三郎先生も見えられた。私の右の手の甲に黒いほくろがあって、麻雀のパイをかき混ぜるとき、よく目立って、「つきぼくろ」などといわれていた。ところが、それが悪性黒色腫《メラノーマ》であることがわかって、東大分院で二回手術をした。そのとき先生から「ガンジー」というあだ名をつけられた。

先生のおかげで演劇関係の方とのお付き合いはたくさんあった。目白に劇団「青年俳優座」

の稽古場があって、所属の女優さんたちが私のアパートによく遊びに来た。フランス留学から帰ったばかりのデリボ（篠沢教授）や、タマさん（児玉清）や、岩淵先生もよく来られて、とくに春・夏の休みのときなどは、家内が実家へ帰っていて気楽だったせいか、狭い部屋がいつも賑わっていた。

翻訳に関しては、先生に大変お世話になったり、ちょっぴりお手伝いをしたりしたこともあった。三修社で『ドイツの文学』全12巻が出されたとき、第6巻「カロッサ」篇の訳者に、先生が若造の私を推薦してくださり、『幼年時代』と『詩集（抄）』と「解説」を私が担当し、『青春変転』を西義之氏が担当することになった。このことについては、先生にいくら感謝しても足りないくらいである。これが私の文学作品の翻訳の出発点になったからである。

お手伝いをしたというのは、オーストリア大使館が雑誌を出したとき、先生がその相談役をしておられ、いくつか翻訳のお手伝いをしたこと、先生がヘッセ『車輪の下』（旺文社文庫一九六六年）を翻訳されたとき、質問された魚の名前や植物の名前をお調べしたこと、ギュンター・グラス『私の一世紀』（林睦實共訳　早稲田大学出版部　一九九九年）でキノコの名前をお調べしたことなどである。この作品は、二十世紀の百年間のドイツの歴史を、毎年一人ずつ百人の語り手がさまざまな立場や観点からその年の重要な事件などについて一人称で語るもので、一九八六年はチェルノブイリの原発事故が取り上げられ、野生のキノコを採る専門家が、キノコはとくに放射性物質をよく吸着するので、食べられなくなってしまったと語る。その話に出てくるキノコの名前をお調べしたのである。

もう一つ、ボー・コールサート『悩み多きペニスの生涯と仕事』（草思社 二〇〇〇年）という本を、訳していただけないか、とお願いしたことがある。先生は、「この題名ではちょっとなあ」と困っておられたが、読んでみるととてもおもしろく、まじめな本なので、引き受けてくださった。訳者名は、初期からの未定同人にはなつかしい「江間那智雄」として出された。すぐ印税がもらえたと喜んでくださった。

「未定」同人としては、私がまとめ役になってから、先生にも編集委員になっていただいて、大変お世話になった。白井健三郎・小海智子ご夫妻のご紹介で知り合った新井深画伯に寄稿をお願いし、それを機会に同人になっていただいたが、新井画伯と岩淵先生とが短かったけれど深い交友に結ばれたことは、とてもよかったと思っている。先生が連載されていた「わが生涯における演劇」が、いよいよおもしろくなるところで中断されてしまうのは、まことに残念なことである。

今年の六月、先生の訳された、ブレヒト作『ガリレイの生涯』（岩波文庫 一九七九年）が、「岩淵達治追悼公演」として、文学座によって上演された。科学が政治に悪用された典型的な例である広島の原爆投下を機に、初稿が書き直されたという有名な劇で、先生ご自身も演出家と何度も打ち合わせをなさったそうで、この上演をご覧になれなかったのは、さぞ心残りであったと思われる。私は観ているあいだじゅう、先生もどこかで観ておられるような気がしていた。

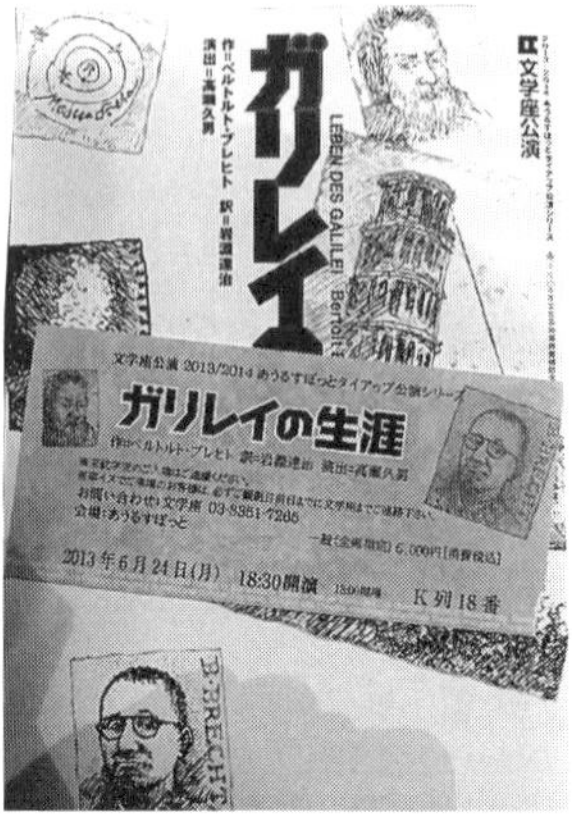

パンフレットとチケット

劇場ロビーの展示

追悼の「モリタート」をうたう

劇場のロビーには、先生の遺影や、数々のご業績が展示されていた。

七月七日には、学習院の創立百周年記念会館で、岩淵達治先生追悼「ブチを偲ぶ会」が催された。大勢の俳優・女優さんによって、先生が残された「ブチ氏の最後の8ミリ」による劇が上演されたり、先生の訳された数々のブレヒトソングが歌われたりした。みんなで「メッキー・メッサー」を「岩淵達治」にした「モリタート」の替え歌をうたった。五十嵐敏夫氏のブチさんとブレヒトの話、ご長男岩淵令治さんのご挨拶で、会は終わった。

岩淵先生、ありがとうございました。安らかにお休みください。

「未定」十八号　二〇一三年

丸谷才一　文化勲章受章の文筆家

丸谷才一先生が都立北園高校の英語の講師をされていたことがあった。一九五一年から五四年までで、ちょうど私が在学した時期である。しかし私は丸谷先生に教えを受けたり、お目にかかってお話したりするような機会は一度もなかった。終戦後も中学を卒業するまで五年間、疎開先の栃木県の山村で蝶の採集と飼育に狂っていた私は、都立高校の受験に失敗して、一年後に北園に入ったものの、英語がまったく苦手で、成績は最低点、授業についてゆくのがやっとであった。英語の先生でよく覚えているのは松本淑子先生で、あるとき、東大大学院英文科の後輩で、丸谷才一という優秀な先生が北園高校に来られた、という話を聞いたことを記憶している。

実際に丸谷先生の教えを受けたという先輩から先生の話を聞いたこともある。科目は「英作文」で、授業はべらんめえ口調で、

「英作文のコツは、英語の名文を暗記することだ」

と言われたという。「テネシー・ワルツ」が流行っていた頃で、授業中後方の席でこの歌を小

さな音で聞いていた生徒がいたとき、先生は大変お怒りになったが、授業でもその歌を話題にされたという。叱られた生徒にとっては、忘れられない思い出になったことであろう。私は、英語は見込みがないとあきらめて、二年のときには第二外国語にドイツ語を選び、三年のときは完全にドイツ語に転向したので、丸谷先生とはご縁がなかったが、なぜか先生のお名前はよく覚えていた。

ともかく、國學院大學に移られてから、そして文筆に専念されるようになってからの丸谷先生のご活躍はめざましく、私は先生が発表される翻訳や小説やエッセイを目に付くかぎり読んで、すっかり大ファンになってしまった。

ジェイムス・ジョイス『ユリシーズ』（共訳 一九六四年）『笹まくら』（河出文化賞 一九六七年）『年の残り』（芥川賞 一九六八年）『たった一人の反乱』（谷崎潤一郎賞 一九七二年）『後鳥羽院』（読売文学賞一九七四年）『食通知ったかぶり』（一九七五年）『文章読本』（一九七七年）『日本文学史早わかり』（一九七八年）『忠臣蔵とはなにか』（野間文芸賞 一九八五年）『樹影譚』（川端康成文学賞 一九八八年）『光る源氏の物語』（芸術選奨 一九九〇年）『女ざかり』（ベストセラー一九九三年）『新々百人一首』（大佛次郎賞 一九九九年）『輝く日の宮』（泉鏡花文学賞 二〇〇三年）ジェイムス・ジョイス『若き芸術家の肖像』（読売文学賞 二〇一〇年）『持ち重りする薔薇の花』（晩年の長編 二〇一〇年）と、おもな作品を挙げただけでも、丸谷先生が、小説家として、評論家として、エッセイストとして、翻訳家として一流であることがわかるであろう。そしてさらに、古今東西の文化に精通した読書の達人で、「書評」の文化的価値を飛躍的に高めた方である。文化勲章を受章されたのも、むべなるかな！　である。

二〇〇六年の八月三十日、講談社の編集者から「小説現代」九月号が送られてきた。同封のお手紙には、

「丸谷才一先生のご依頼で送ります」

という添え書きがあった。何だろうと驚いて目次を見ると、「特別寄稿　丸谷才一　もう一度Hの項目[*]」というのがあり、その頁を開いてみると、そこに、丸谷先生との名コンビ和田誠さんの絵とともに前述の標題が書かれていた。その絵を見て、私はびっくりした。ホメロスの臨終のとき、その口から出てきて飛び立ったアポロウスバシロチョウが描かれていて、それが私の訳したシュナックの『ホメロスの蝶』の絵であることが瞬時にわかったからである。私は、『ホメロスの蝶』が紹介されているに違いないと思い、その期待をしながら、「HOMĒROS ホメロス」という題目の文を読んでいった。

まず、「ホメロスの代表作はその『イーリアス』と『オデュッセイア』」。という記述のあとに、一般的にはあまり知られていない叙事詩集『諸神讃歌』が紹介されていた。

「殊に『アフロディーテー讃歌』の沓掛良彦さんの訳が色っぽくてすばらしい（『ホメーロスの諸神讃歌』ちくま学芸文庫）。これは読まなければ損なくらゐの、名作の名訳です」

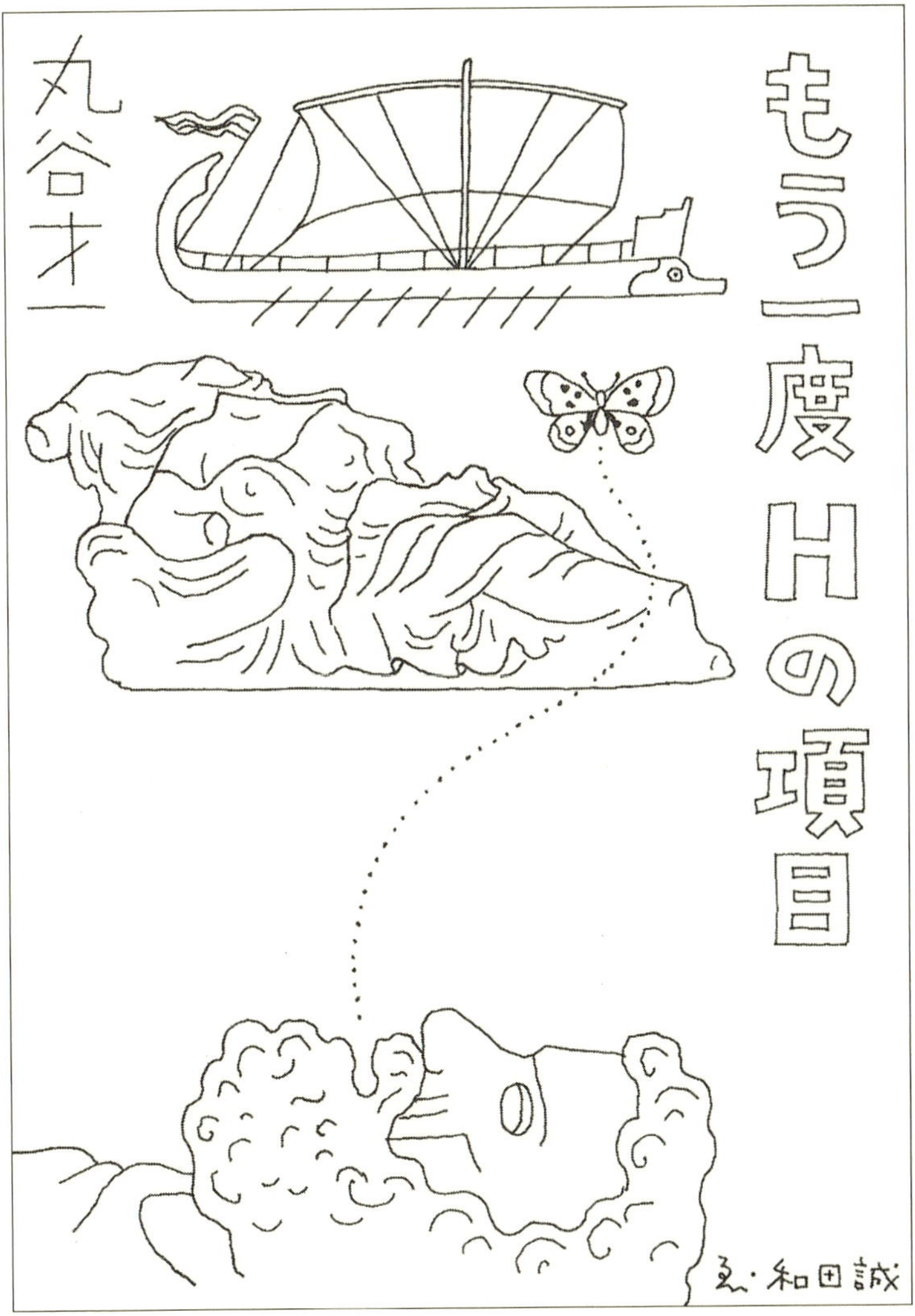
もう一度Hの項目
丸谷才一
え・和田誠

として、女神アフロディーテーが人間に身をやつして美青年アンキーセウスと結ばれる場面が解説を交えながら紹介される。

「長い引用になりますけど、勘弁してくださいよ。あんまりきれいなので、とても削るわけにはゆかない」

として、七十行に及ぶ叙事詩の引用が続く。私は偶然のことながら、このすばらしい『ホメーロスの諸神讃歌』は平凡社版（一九九〇年）で知っていた。

これに続いて、次のような文章が続いた。

最近で最も有名なのは、ボルヘスの『不死の人』ですが、でもこの短篇小説の筋を要約するのは手に余るなあ。じつに厄介である。手に余るどころか、両手がやけどしさうです。とにかくホメロスが不死の人になつて（！）から死ぬまで（！）、いや、あれは死を予感するまでなのかな、その一部始終が書いてあります。晦渋《かいじゅう》にしてしかもすこぶる魅力的。

これにくらべれば、シュナックの『蝶の生活』（岡田朝雄訳・岩波文庫）に収める短篇小説『ホメロスの蝶』はずつとわかりやすい。じつによく出来た作なのに知られてゐないのは残念だから、ちよつと紹介しませう。ちなみにシュナック（一八八八－一九七七年）はナチス時代のドイツ作家ですが、第二次大戦後になつても高い評価を受けてゐる、例外的な存在である。これは一つには、彼の博物誌的な作風のおかげなのだが、しかしもちろんそのせいだけでかうなるわけはありません。芯の強い人で、生き方も賢かつたのだらう。『蝶の生活』は三部に分れてゐて、第一部は蝶、第三部は蛾の、いはば昆虫記ですが、真中にサンドイッチの具の部分のやうに、蝶を扱ふ短篇小説が三つはさまれてゐる。その冒頭にあるのが『ホメロスの蝶』。

大体、こんな筋です。

遙かな昔のこと、もう死んだと思はれてゐた老詩人ホメロスがまだ生きてゐるといふ噂が広まつた。そのころ七つの都市が彼の生誕の地だと言つて競ひあつてゐたのに、詩人の終焉《しゆうえん》の地といふ光栄を争ふ街は一つもなかつた。ところがある町にゐた、ホメロスを敬愛してゐる若者が、その盲目の詩人が多島海の島々の一つに住んでゐるといふことを、あるオリーブ商人から聞いた。オリーブ商人は貸し帆船業者から、貸し帆船業者は船乗りから聞いたといふ。アレクサンダーといふ名のその若者は、行方不明の老詩人ホメロスを探しにゆかうと思ひ立つ。

若者は例の貸し帆船業者から帆船を借り、いろいろの品物を積み、水夫を一人乗せて出発したのだが、ほうぼう探しまはつても結果は虚しい。そのあげく、嵐に出会つて、しかし船は難破せずに小さな島に乗りあげた。遠くに一軒の小屋が見える。

アレクサンダーと水夫が小屋を目ざして歩いてゆくと、九十歳くらゐの年寄りの羊飼が一人ゐた。

海が凪《な》ぎ、船の修理がすむまでここにゐることの許しを得てから、若者は航海の目的を告げ、ここに詩人のホメロスといふ老人は住んでゐないかと訊ねた。

ホメロスといふ年寄りの乞食ならゐる、何年か前にオリーブ商人がここにおろして行つた、といふのが返事であつた。羊飼の老人はさう答へてから家畜小屋のほうを指さした。

家畜小屋の薄明りに眼が慣れて、敷藁、干草棚、柱などが見分けられるやうになると、片隅の黒い塊りも見えてきた。それが問題の乞食であつた。羊の敷藁のなかに、羊の糞尿の悪臭を呼吸しながら、一人の途方もなく年老いた盲目の男が横たはつてゐた。皺だらけの広い額、汚れた白髪の房、そして髭には、蜘蛛の巣や蠅の羽や乾いたミルクの滴《しづく》などがこびりついてゐる。皮膚は褐色で、細い血管がからうじて通つてゐる羊皮紙のやう。こめかみは小石のやうに光つてゐる。長いこと体を洗つてないのだ。指の爪は真黒な半月のやう。

そこでアレクサンダーは瓶のワインを船から持つて来て、小さな椀にみたし、盲人の口にあてたが飲まなかつた。若者はその唇をワインで濡らしたが、何の効き目もなかつた。そのとき光が射してきた。暖かさと陽光とが、老人をほのかに微笑させたやうな気がした。

そのとき老人がささやくやうに言つた。

「オデュッセウス！……」

しばらくしてまた、

「今日……人は行く……群衆の中を……」

そして老人は疲れて眠りに落ちた。

彼は詩人ホメロスだつたのだ。

翌日、若者は船から帆布、亜麻布、クッションなどを持つて来てベッドを作り、毎日、介護をつづけ、そして臨終にも立会つた。

アレクサンダーは故郷に帰り、詩人になつた。彼の名声はギリシア全土に高く、彼は第二のホメロスとなつた。

白髪の老人となつてから、彼は孫を連れて野原を歩いてゐた。と、一群れの珍しい蝶が舞つてゐるのが見える。「墨でつけたような黒い斑紋と、後翅に黒くふちどられた血のように赤い眼状紋のある（中略）白い蝶」である。その蝶に出会ふのはあのとき以来のことだつた。あのとき、ホメロスの臨終のとき、この生き物は彼の咽喉の奥からのぼつて来て、舞ひあがり、姿を消したのだつた。まるでアポロの使者のやうに。

じつによく出来てゐる短篇小説で、わたしは今度読んだのが三回目か四回目ですが、それでもおもしろかつた。そしてこの本の訳出を訳者にすすめたといふ奥本大三郎さんに感謝した。……（後略）

この最後の部分を私は何度も読み返した。うれしかった。敬愛する丸谷先生が、三回も四回も読んでくださり、

「それでもおもしろかつた。そしてこの本の訳出を訳者にすすめたといふ奥本大三郎さんに感謝した」

と書いてくださったからである。

このことについて補足させていただきたい。

「アニマ」九月号（平凡社 一九八六年）に

「どくとるマンボウ昆虫を語る」「気絶しそうな虫の本」

というテーマで、北杜夫・奥本大三郎両氏の対談があり、拙訳のヘルマン・ヘッセ『蝶』（朝日出版社 一九八四年）が取り上げられ、北さんが

「訳語・解説の見事さというのはたいへんなものですね。こういう方がシュナックのほかの虫の本も翻訳してくださるといいんですけど」

と言ってくださった。奥本さんもシュナックの『蝶の生活』の翻訳を勧めてくださっており、岩波書店の編集部の方に推薦してくださった。そのおかげで、一九九三年に岩波文庫の一冊として刊行することができた。この本には、岩波文庫としては異例のことだと思うが、百点もの蝶や蛾の挿絵を入れていただくことができた。あまりにも挿絵が多かったためか、私はその最終校を見ることができず、出来上がったものには誤りが一点と、問題のある挿絵が多数出てしまった。これは重版のときに直していただくことができた。

さて、丸谷先生にお礼状を書かなければ、と思いながら、私はなかなか書くことができな

かった。今回日記を調べてみて、お礼状を書いたのが、なんと、一年五ヶ月も経った二〇〇八年一月二十三日であることがわかった。いつも心にかかっていたはずなのに、なぜそんなに遅くなったのかは、われながら不可解である。パソコンを調べていたら、次のようなそのお礼状の下書きが出てきた。

拝啓　はじめてお便りをいたします。実は一昨年の秋、先生のご好意で「現代小説」九月号を、講談社の編集の方からお送りいただいた者でございます。先生は、この雑誌に「もう一度Hの項目」という特別寄稿文を書いておられ、その中で、拙訳のF・シュナック『蝶の生活』（岩波文庫）所収の『ホメロスの蝶』をご紹介くださいました。ほんとうにありがとうございました。厚くお礼を申し上げますとともに、今頃になってお礼を申し上げる失礼を心からお詫び申し上げます。

心ばかりのお礼のしるしに、『蝶の生活』再版（おもに図版と「あとがき」を訂正しました）と、ヘルマン・ヘッセ『シッダールタ』の単行本と、それを改訳して収録した『ヘルマン・ヘッセ全集』第十二巻をお送りさせていただきます。かえってお邪魔かとも存じますが、御書架の片隅に置いていただけましたら光栄でございます。私は北園高校第七回生で、先生にお教えを受ける機会はございませんでしたが、先生の御著書は、目に触れる限り拝読しております。

寒さ厳しい折、先生のご健勝をお祈り申し上げます。

敬具

二〇〇八年一月二十三日

岡田朝雄

丸谷　才一　先生

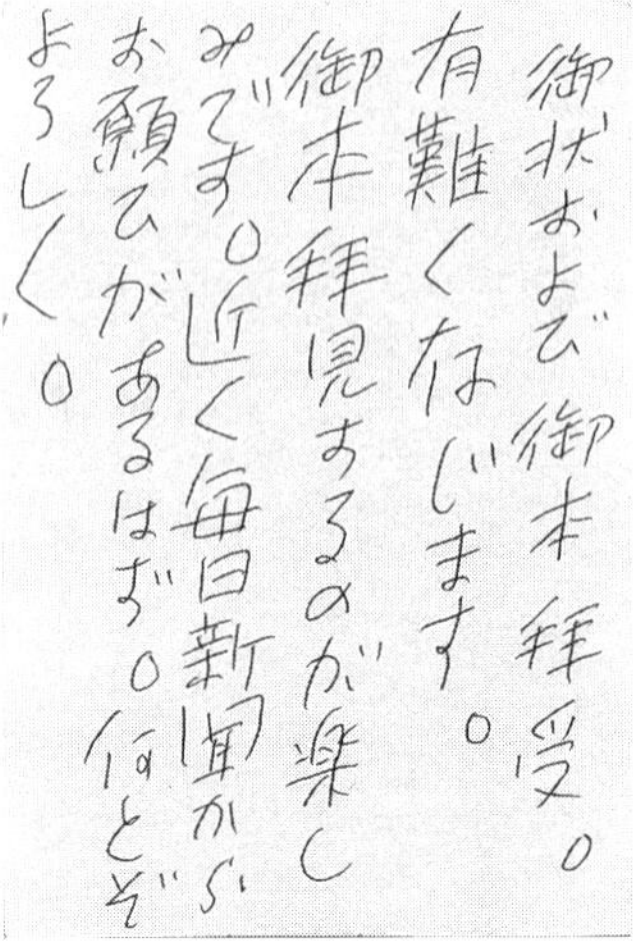
御状および御本拝受。
有難く存じます。
御本拝見するのが楽し
みです。近く毎日新聞から
お願ひがあるはず。何とぞ
よろしく。

一週間後の一月三十日、丸谷先生からお葉書をいただいた。

「御状および御本拝受。有難く存じます。御本拝見するのが楽しみです。近く毎日新聞からお願ひがあるはず。何とぞよろしく。」

と空色の私製はがきに大きな字で書かれていた。思いがけないことで、大変うれしかった。丸谷先生が毎日新聞の「今週の本棚」を立ち上げ、その監修をしておられることは知っていたので、何か書評を書かせていただけるのか、と思った。はたして、一週間ほどして、毎日新聞

9　今週の本棚　統12版　2008年（平成20年）3月16日（日）　毎日新聞

この人・この3冊

岡田 朝雄・選

ヘルマン・ヘッセ

❶ペーター・カーメンツィント（『青春彷徨』ヘッセ著、関泰祐訳／岩波文庫／品切れ▽『郷愁』ヘッセ著、高橋健二訳／新潮文庫／380円）

❷シッダルタ（ヘッセ著、手塚富雄訳／角川文庫／品切れ）

❸ヘッセからの手紙（ヘッセ著、ヘッセ研究会編・訳／毎日新聞社／2853円）

※❶は臨川書店『ヘルマン・ヘッセ全集』3巻、❷は同12巻にも収録されている

和田 誠

『ペーター・カーメンツィント』（邦訳『青春彷徨』『郷愁』）は、ヘッセの出世作であり、初期の代表作である。高校生のとき、恋や友情や自然描写のすばらしさに感動・共感し、頁が減ってゆくのを惜しみながら読んだことを昨日のことのように思い出す。あらためて読んでみて強く感じたことは、この作品が、二十世紀初頭、ヨーロッパの工業化・自動化の会社設立ブーム時代、開発によって脅威にさらされはじめた自然に対する讃歌であり、自然環境と調和した人間の生き方に捧げられた讃歌であること、そして、この種の先駆的作品だということである。

中期の代表作は『シッダールタ』（『シッダルタ』）であろう。誰からも好かれ、能力抜群の主人公が、難行苦行、佛陀との出会い、遊女カマラーとの愛欲生活、自殺未遂のはてに、渡し守となってついに悟りを開くまでの物語である。キリスト教はもちろん、インド哲学、佛教、古代中国思想にも精通した著者ならではのすばらしい作品である。インドでは十二の方言に翻訳され、アメリカではヘンリー・ミラーが火付け役となって、ビート族、ヒッピー族と呼ばれた若者を中心に三百万部も読まれたという。わが国には大正時代以来今日までに六種類の翻訳がある。

晩年の代表作は『ガラス玉遊戯』であるが、ここでは書簡集『ヘッセからの手紙』をお薦めしたい。ヘッセは生涯にじつに三万五千通以上もの手紙を書いたという。本書には、家族、著名人、友人、読者などに宛《あ》てた手紙から選りすぐりの一八一通が収められている。二度の世界大戦を含む激動の時代を、何ものにも屈服することなく生き抜いたヘッセ、その手紙は、誰に宛てたどんな内容の手紙であれ、読む人に自分に宛てられた手紙であるかのように、強い励ましと慰めを与えてくれる。ヘッセの生涯と誠実な人柄を知るのにも非常によい書である。

今週の執筆者

「この人・この3冊」の岡田朝雄さんは独文学者。訳書にヘッセ『庭仕事の愉しみ』（草思社）など。池澤夏樹さんは作家▽中村達也さんは中央大教授（社会経済学）▽養老孟司さんは解剖学者▽張競さんは明治大教授（比較文化）▽村上陽一郎さんはICU教授（科学史）▽鹿島茂さんは共立女子大教授（仏文学）。「好きなもの」の絵は舟橋全二さん。

の編集者から、「この人・この三冊　ヘルマン・ヘッセ」というタイトルで、三冊を選んでその解説を書いて欲しい、という依頼状が、見本の記事同封で届いた。そして期日までにお送りした原稿が、二〇〇八年三月十六日の「今週の本棚」欄に、何とまた和田誠さんによる、ヘッセと私の似顔絵とともに、掲載された。

「この人・この三冊　ヘルマン・ヘッセ」

❶ペーター・カーメンツィント（『青春彷徨』ヘッセ著、関泰祐訳／岩波文庫／品切れ▽『郷愁』ヘッセ著、高橋健二訳／新潮文庫／380円）

❷シッダルタ（ヘッセ著、手塚富雄訳／角川文庫／品切れ）

❸ヘッセからの手紙（ヘッセ著、ヘッセ研究会編・訳／毎日新聞社／2853円）

※❶は臨川書店『ヘルマン・ヘッセ全集』3巻、❷は同12巻にも収録されている。

『ペーター・カーメンツィント』(邦訳『青春彷徨《ほうこう》』『郷愁』)は、ヘッセの出世作であり、初期の代表作である。高校生のとき、恋や友情や自然描写のすばらしさに感動・共感し、頁が減ってゆくのを惜しみながら読んだことを昨日のことのように思い出す。あらためて読んでみて強く感じたことは、この作品が、二十世紀初頭、ヨーロッパの工業化・自動化の会社設立ブーム時代、開発によって脅威にさらされはじめた自然に対する讃歌《さんか》であり、自然環境と調和した人間の生き方に捧《ささ》げられた讃歌であること、そして、この種の先駆的作品だということである。

中期の代表作は『シッダールタ』(『シッダルタ』)であろう。誰からも好かれ、能力抜群の主人公が、難行苦行、佛陀《ぶつだ》との出会い、遊女カマラーとの愛欲生活、自殺未遂のはてに、渡し守となってついに悟りを開くまでの物語である。キリスト教はもちろん、インド哲学、古代中国思想にも精通した著者ならではのすばらしい作品である。インドでは十二の方言に翻訳され、アメリカではヘンリー・ミラーが火付け役となって、ビート族、ヒッピー族と呼ばれた若者を中心に三百万部も読まれたという。わが国には大正時代以来今日までに六種類の翻訳がある。

晩年の代表作は『ガラス玉遊戯』であるが、ここでは書簡集『ヘッセからの手紙』をお薦めしたい。ヘッセは生涯にじつに三万五千通以上もの手紙を書いたという。本書には、家族、著名人、友人、読者などに宛《あ》てた手紙から選りすぐりの一八一通が収められている。二度の世界大戦を含む激動の時代を、何ものにも屈服することなく生き抜いたヘッセ、その手紙は、誰に宛てたどんな内容の手紙であれ、読む人に自分に宛てられた手紙であるかのように、強い励ましと慰めを与えてくれる。ヘッセの生涯と誠実な人柄を知るのにも非常によい書である。

丸谷先生に、今度はすぐにお礼の葉書を書いた。この葉書の下書きは残っていないが、毎日新聞の書評欄に書く機会を与えてくださったお礼と、あのようなものしか書けませんでしたが、よろしかったのでしょうか、先生のご配慮で、ヘッセと並んだ私の絵まで描いていただき、私にとっては何よりの記念になりました、というような内容であったと思う。

これに対して三月二十六日に、次のようなお葉書をいただき、ほっと胸をなでおろした。

「お葉書うれしく拝見しました。毎日「今週の本棚」の玉稿まことに見事なもので喜んでをります。有難うございました。今後とも何とぞよろしくお願ひ致します。似顔ゑはお気に召しましたか。」

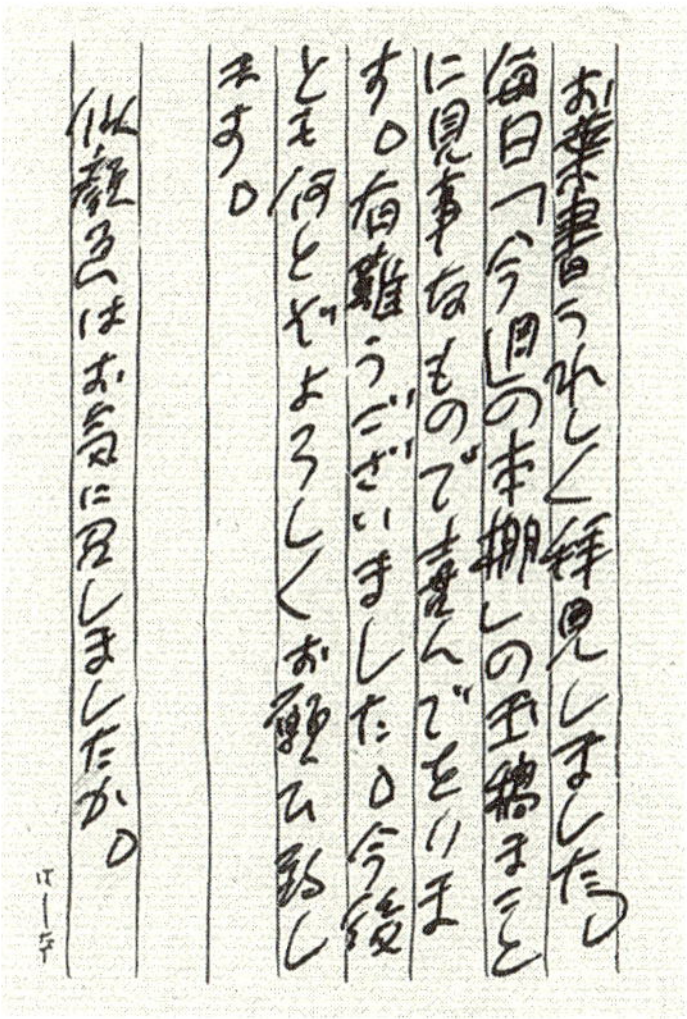

お葉書うれしく拝見しました。
毎日「今週の本棚」の玉稿まことに
見事なもので喜んでをりま
す。有難うございました。今後
とも何とぞよろしくお願ひ致し
ます。
似顔ゑはお気に召しましたか。

丸谷先生の「もう一度Hの項目」の一部の引用については、講談社文芸図書第1出版部の方にお願いし、毎日新聞二〇〇八年三月十六日「今週の本棚」の「この人・この三冊　ヘルマン・ヘッセ」のコピーについては、毎日新聞社学芸部書評欄担当の方に、許可をお願いしたところ、双方から「出所を明記すれば結構です」というお許しを得た。しかし、和田誠さんの絵については、「和田さん御本人の許諾が必要です」と言われた。和田さんにはお目にかかったことがなかったので、草思社の木谷東男さんにご紹介をいただき、和田さんにお手紙とコピーを添えて二点の絵の使用の許可をお願いした。和田さんからは、

「(前略)あの絵でよろしければどうぞお使いください。二枚とも岡田さんと丸谷さんのご縁による絵ですし、ぼくが描いたのは間接的ではあっても丸谷さんの依頼によるもの、と言えそうなので、これもご縁だと思います。(中略)絵をお使いになるにあたって、印刷物からでよろしいのでしょうか。原画からの正確なコピイをお送りすることもできます。ご都合をお知らせください。」

というご親切なお返事をいただいた。そこで、お言葉に甘えて、「原画からのコピイ」をお願いしたところ、早速サイン入りの美しい絵を二枚お送りくださった。しかし、いただいた絵には、タイトルや著者名が入っていないので、実際には雑誌と新聞からのコピイを使わせていただいた。二枚の絵は大切な記念として、額に入れて部屋に飾らせていただいている。ありがとうございました。

丸谷才一先生は二〇一二年十月十三日に八十七歳で亡くなられた。立派なご生涯であった。あらためてご冥福をお祈りする次第である。

＊「小説現代」に、五年間にわたって丸谷先生流で隔月に連載された「Aの項目からZの項目まで」は、のちに『人間的なアルファベット』(講談社 二〇一〇年)として刊行された。

「未定」十八号　二〇一三年

米長邦雄

最高齢で名人に就位した棋士

米長邦雄さんに初めてお目にかかったのは、一九八四年五月十五日に京王プラザホテルで開催された王将就位式祝賀パーティーのときである。高校同期の友人渡部幸男に誘われて、友人数名と出席した。渡部の奥さんが米長さんと高校の同級生であったことから、ずっと親しくされていて、祝賀会の案内も届いたのである。大変盛大なパーティーであったが、渡部の案内のおかげで、私たちは米長さんとお話をしたり、一緒に写真を撮らせていただいたりした。

将棋は幼いときから好きであった。が、兄弟か身近な友人と指すくらいで、将棋クラブへ行ったり、大会に出たりすることはなかった。しかしプロの将棋の世界には常に関心をもち、新聞や雑誌はよく見ていた。

初めは熱烈な升田幸三ファンであり、大学の教員になっていた七〇年代頃からは次第に米長邦雄ファンになった。とくに米長さんの終盤の指し方に驚嘆した。駅の売店で売られていた米長さんの数冊の小型の将棋の本を愛読し、家の近くにあったクラブにも暇さえあれば行くようになった。週刊文春に連載された「泥沼流人生相談」も愛読し、その常識を超えたユニークな

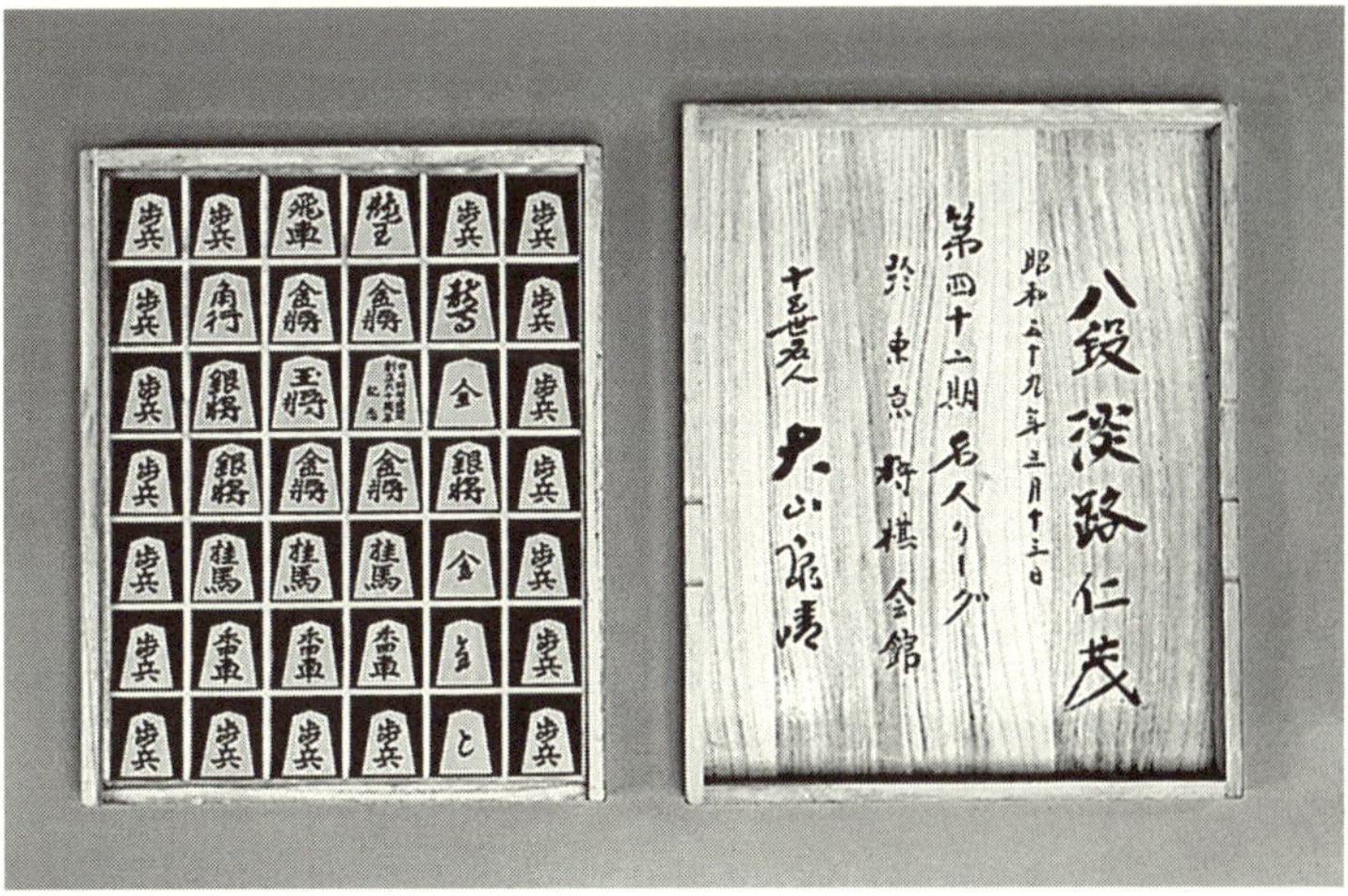
八段 淡路仁茂
昭和五十九年三月十三日
第四十二期 名人リーグ
於東京将棋会館
十五世名人 大山康晴

意見に感心し、「泥沼」とはほど遠い爽やかな人柄にも魅了された。

一九八四年三月に、日本将棋連盟創立六十周年の第四十二期名人リーグ記念対局があった。これに申し込んで受けつけられると、その対局を観戦できた上、対局に使われた名匠作の記念駒を購入できるというので、米長さんの対局を申し込んだところ、先約があるということで、大山康晴十五世名人と淡路仁茂八段の対局を観戦することになった。結果は大山十五世名人が勝利した。その棋譜と記念駒「水無瀬、香月作」の入った箱にお二人が署名されたものを購入することができた。これは今でも大切にしている。


一九九三年五月二十二日、米長さんは中原さんとの名人戦に四連勝して、史上最年長の五十歳で名人位を獲得した。私はうれしくなって祝電を打った。

京王プラザホテルで開催された「米長邦雄名人就位式・祝賀パーティー」には、渡部幸男ら友人数名と出席した。二千名を超える大盛会であった。私たちは、米長名人とはもちろん、谷川浩司九段、青野照一九段、林葉直子さんらと写真を撮らせていただいた。

このようなことがあって、その後も私は何度か米長さんにお会いする機会があった。

あるとき、私が昆虫に詳しいことをご存じだった米長さんが私にこんなことを言った。

「岡田さん、私は谷川浩司九段をオオムラサキにたとえ、高橋道雄九段をヨナクニサンにたとえたんですよ。そうしたら高橋九段が怒りましてね。『私を蛾にたとえるとは何事だ！』って言

うんですよ。世界最大の立派な蛾なのにねえ。標本があったら見せてあげたいですよ」

　これを、お二人の前で、口頭で言われたのか、観戦記などの文章に書かれたのか、聞きそびれてしまったが、私は大変おもしろい話だと思った。米長さんのたとえにも同感し、また高橋九段がお怒りになったということもよくわかると申し上げた。

　わが国では、一般に蝶に比べて蛾が嫌われる傾向がある。蝶の収集家や研究家の中にも蛾が嫌いな人はたくさんいる。その理由は、①蛾は、灰色、茶色、黒、白など地味な色彩のものが圧倒的に多い上に、胴体が太く、鱗粉や毛が落ちやすいため、不気味で汚らしい印象を与える。②蛾は主として夜間活動し、燈火に飛来するものが多く、夕食時などに鱗粉をまき散らしたり、飲食物の中に飛び込んだりして不快感をあたえる。③蛾の中には成虫の鱗粉や幼虫の毛や棘に毒があり、触れると痛みや炎症を起こす衛生害虫がいる。④蛾の幼虫は、嫌われものの代名詞イモムシ、ケムシ（蝶の幼虫も同じだが、蛾の幼虫ほど人目につかない）で、その色彩や形態にいやらしいものが多く、農作物、森林、庭木などを食害する大害虫が多い、などであろう。

ヨーロッパ、とくにドイツやフランスでは蛾が嫌われることはあまりないようである。だいたい、蝶と蛾を別々に表す単語もないのだ。ドイツ語のシュメッターリング（Schmetterling）もファルター（Falter）も、フランス語のパピヨン（papillon）も、蝶と蛾の両方を意味する言葉で、これを分けて表現するには、蝶に「昼」を蛾に「夜」を意味する言葉をつけなければならない。蛾は「夜の蝶」というわけである。

ヘルマン・ヘッセの作品に『少年の日の思い出』という短編があり、この作品（高橋健二訳）は、すでに六十数年以来わが国の中学国語の教科書に載り続けているので、読んだことのある方も多いと思う。蝶の採集に熱中している少年が、友人の持っている標本の美しさに魅せられて、発作的に盗みを犯し、その罪によって少年時代の楽園から追放されてしまう物語である。盗んでしまう標本は、じつは蝶ではなく、クジャクヤママユという蛾である。この作品には蝶と蛾が何の区別もなく出てくる。

若い頃、私も蛾が嫌いであった。が、しだいに蛾の素晴らしさ、美しさがわかるようになってきた。色彩の派手な蝶はたしかに美しいが、その標本を長いこと見ていると飽きてくることがある。まるでスイスの風景を見ているようなものである。それに対して蛾の標本は見飽きる

米長邦雄

ことがない。その地味な、渋い色彩をよく見ると、人間が作ったどんな織物や陶器の色もかなわないと思われてくる。

話を戻そう。米長さんに私は

「おもしろい話ですね。オオムラサキもヨナクニサンも標本をもっておりますので、そのうちお届けしましょう」

と言った。

後日、オオムラサキのオス・メスをドイツ型標本箱の小箱に収め、ヨナクニサンのオス・メスを大型の標本箱に収めて、鷺宮に行き、事務所に電話をした。あいにく米長さんは急用で出掛けられたあとであったが、秘書の方がわかっておられて、駅近くの喫茶店まで、取りに来てくださった。そして、標本のお礼として「惜福」と書かれた扇子をいただいた。

これで、王将就位式・名人就位式のときにいただいた扇子と三本になった。

一九九三年十一月十九日（この日は偶然私の五十八歳の誕生日であった）に、第18回の「将棋の日」が、読売ホールで催された。米長名人から
「この日、開会の20分前に来場して、棋士の控室に来るように」

と連絡を受けていた私は、高校同期の渡部幸男と伺った。

じつは、「三段か四段の免状」をいただけるというご連絡をいただいて、大変恐縮したが、折角のお申し出なのでありがたくお受けして、将棋クラブでの実力通りの三段をいただくことにしたのである。蝶と蛾の標本のお礼ということであった。

控室には、米長邦雄名人をはじめ、中原誠前名人、羽生善治竜王、谷川浩司王将、原田泰夫九段、高橋道雄九段、石田和雄九段、森雞二九段、塚田泰明八段、小林健二八段、田中寅彦八段ほか大勢の棋士たちが集まって、雑談をしておられた。そこへ恐る恐る入って行った私と友人に米長名人が気づかれて、

「やあ、岡田さん、いらっしゃい！」

と招き入れられ、棋士の方々に簡単に私をご紹介下さり、

「今日は岡田さんに三段の免状を差し上げます。誕生日だそうで、よい記念になるでしょう」

とおっしゃって、免状の全文を読みあげて、お渡しくださった。棋士の皆様からは、盛大な拍手をいただいた。免状をいただけることは分かっていたが、このような晴れがましい形でい

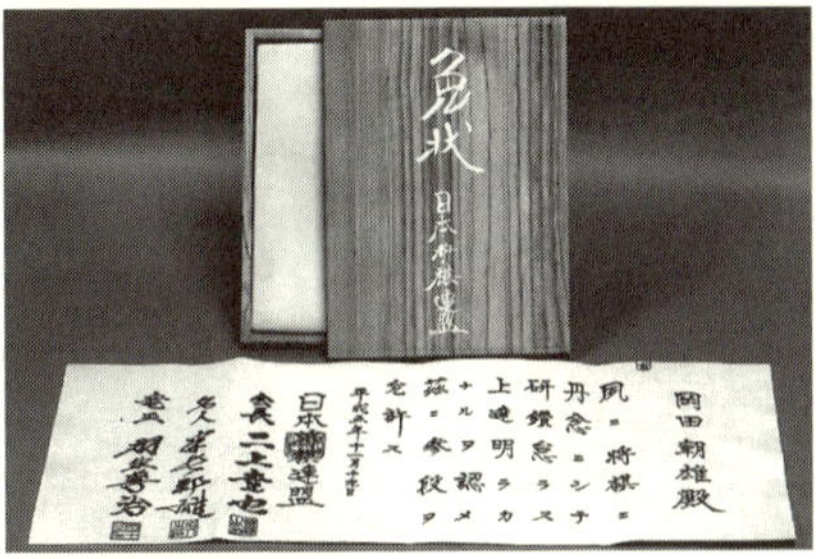
免状
日本将棋連盟
岡田朝雄殿
夙ニ将棋ニ丹念ニシテ研鑽怠ラズ上達明ラカナルヲ認メ茲ニ参段ヲ免許ス
日本将棋連盟
会長 二上達也
名人 米長邦雄
竜王 羽生善治

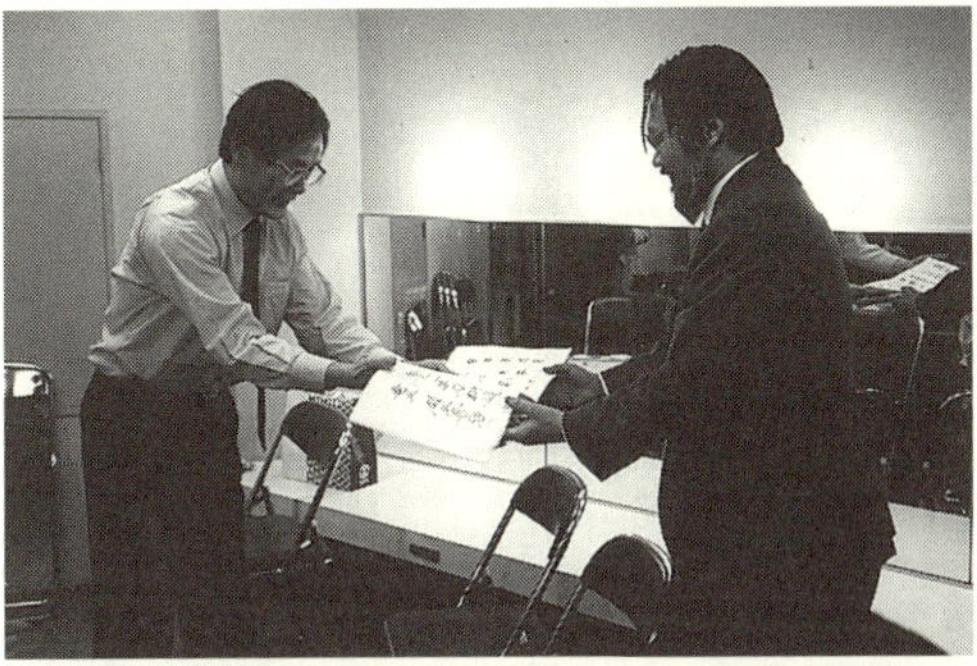

第19回 将棋の日
主催／(社)日本将棋連盟・後援／文化庁・協賛／(株)セタ

ただけるとは夢にも思っていなかったし、私の誕生日を覚えていてくださり、その日付の入った免状をご用意くださったことに、私は深く、深く感謝した。

この免状には、日付が私の誕生日であるということのほかに、もうひとつ、注目すべきところがある。それは、この三名の方々の名前が並んだ免状が、わずか一か月間も続かなかったことである。この年の十二月八日、九日に天童市で行われた第六期竜王戦第六局で、羽生善治竜王が、佐藤康光七段に二勝四敗で敗れてしまったからである。

将棋の日の催しは、A級棋士四人、高橋道雄九段、塚田泰明八段、田中寅彦八段、小林健二八段による十秒将棋が行なわれ、塚田八段が優勝した。続いて米長邦雄名人対羽生善治竜王による「次の一手名人戦」では羽生竜王が勝利した。会場の回答者は最後の問題を前に男女一人ずつ残って大いに盛り上がったが、男性が勝ち残った。この日は私にとって生涯忘れられない一日となった。

一九九九年、「米長邦雄と一緒に幸せを考える会」というのがつくられた。会の目的は、①米長さんと、年に一、二回一泊旅行をし、講演を聞き、宴会を開いて大いに語ること、②幸せになるための人生相談に答えていただけること、③『二十一世紀の教科書』をみんなでつくって刊行し、その印税はしかるべきところへ寄付すること、などである。私はこのような会に入会するのは苦手な方であったが、入会した。すると、一か月か二か月に一回、

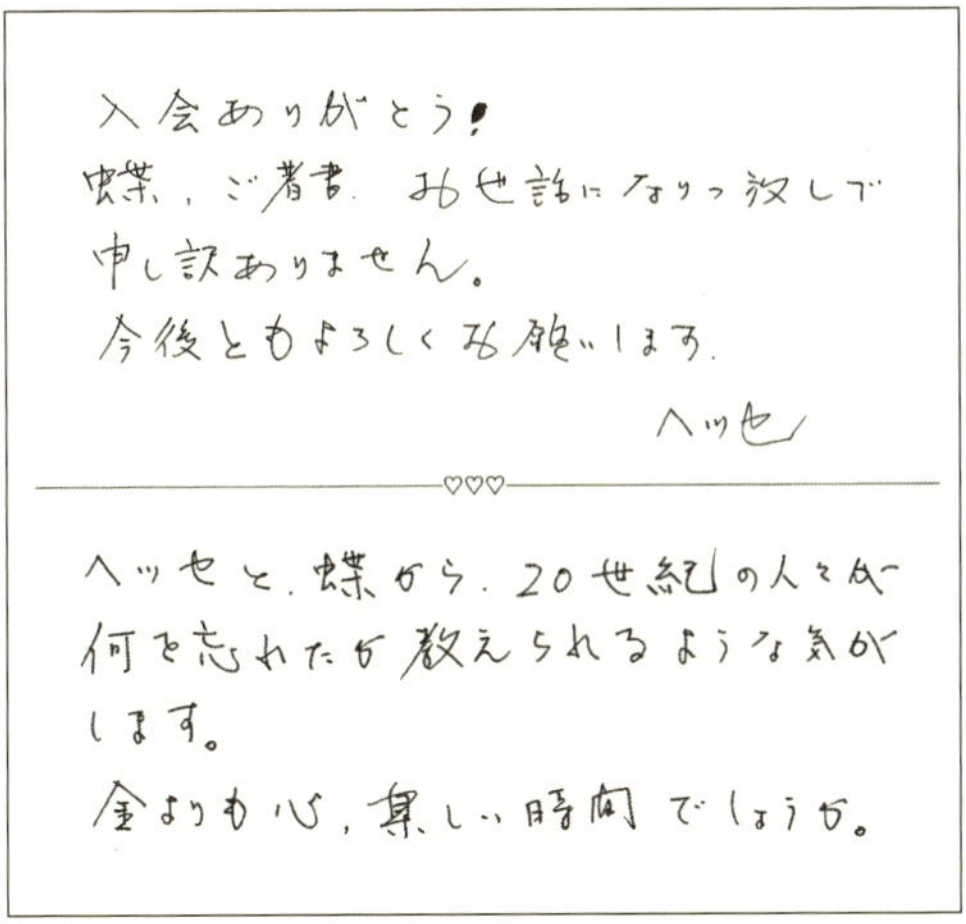
入会ありがとう!
蝶、ご著書、お世話になりっ放しで
申し訳ありません。
今後ともよろしくお願いします。
ヘッセ

♡♡♡

ヘッセと、蝶から、20世紀の人々が
何を忘れたか教えられるような気が
します。
金よりも心、楽しい時間でしょうか。

「幸せですか」「お元気ですか」「笑ってますか」で始まる米長さん自筆（コピー）の手紙一～二枚と、数枚の印刷された米長さんの報告文と、新聞や雑誌に載った文のコピーなどが送られてきた。印刷物の余白に、

「入会ありがとう！　蝶、ご著書、お世話になりっ放しで申し訳ありません。今後ともよろしくお願いします。ヘッセ」

とか、

「ヘッセと蝶から、20世紀の人々が何を忘れたか教えられるような気がします。金よりも心、楽しい時間でしょうか」

などと私個人に宛てられた言葉も書かれていて、恐縮した。

通信文にはいつも感服させられた。男と女の話、教育の話、将棋界の話、環境問題、出版の話、株式の話、女神の話、専門家が二百万円と査定した碁盤を三百二十万円で買った話など、どれも非常に興味深く読ませていただいた。

第一回の旅行が行なわれた。一九九九年七月九〜十一日の二泊三日。目的地は米長さんの故郷、山梨県増穂町で、一日目、14時「いち柳ホテル」集合。16時　米長さんの講演。二日目、6時30分朝食。7時30分マイクロバスで櫛形山へ（参加自由）。15時ホテル帰着。16時、米長さんの講演。質疑応答。18時30分　夕食・宴会。三日目、7時30分朝食。9時、サイン会（色紙、書籍各一点のみ）。自由解散。というスケジュールで、私は参加した。

十日後に会員宛にいただいた手紙には

「盛夏になりました。幸せですか。先ずは第1回目の旅行会。天候は百年に一度の晴天に恵まれ、アヤメを観、富士を仰げた方々は本当にラッキーでした」

と書かれていたが、櫛形山はアヤメの大群落といい、富士山までの眺望といい、本当に素晴らしかった。櫛形山は蝶の採集地として有名なところで、一度行ったことがあったが、あの日の光景は今も眼に焼き付いている。

サイン会では、色紙に「車輪の下　雲上の花」と書いてくださった。ヘッセの小説と櫛形山のアヤメをつないでくれたのである。またご著書『運を育てる』には「忍」と書いていただいた。

一回目の講演であったか、二回目であったか、「川を汚さない」という話を感銘深く聴いた。この話が生きたちょっとしたエピソードを披露させていただきたい。

長野県富士見町の横吹というところに、あばら屋があって、私は五十年来そこを夏の仕事場として使っている。翻訳や執筆の合間の息抜きに、蝶の飼育、魚取り、キノコ採りなどいろいろな楽しみごとをやっており、そのことを「やすらぎの仕事場」という題で、「高原の自然と文化」第14号（富士見の自然と文化を守る会）という雑誌に出したことがある。その一部を引用させていただく。

「すでに述べたように仕事場の前に武智川が流れている。この川にはアマゴやイワナが生息している。一時期、鑑札を買って、魚取りに夢中になったことがある。アマゴやイワナは実に美しい魚である。これを塩焼きにして、一杯やるのは、こたえられないうまさである。あまったときは、味醂と酒と味噌に浸けて焼いて食べる。ご飯のおかずとしては最高である。この話を東京の友人たちにすると、みんなうらやましがる。こんな楽しみも、数年前にやめてしまった。川があまりにも汚れてしまったからである。農薬の袋とか洗剤の箱などありとあらゆるものが流れてくるのである。下流に浄化槽ができることになってその工事が始まったこともやめた理由の一つである」

これを書くとき、もちろん米長さんの話を思い出していた。この小文が町の有力者の目にとまったらしい。その後川には何も流れて来なくなって、水はきれいになった。米長さんのおかげだと思っている。

二〇〇〇年の四月二十二〜二十三日に奈良の唐招提寺と京都の法然院を訪ねる旅行が計画された。もちろん、唐招提寺は、米長さんにご縁の深い鑑真和上像を拝観すること、法然院は、そこにある谷崎潤一郎のお墓にお参りすることが主目的であった。この旅行には、家内と一緒に参加した。

この旅行について、次のような通信文をいただいていた。

「平成4年、私が名人になる一年前に鑑真和上にお目にかかり迦陵頻伽（かりょうびんが）の声を聞いた話は、会員の皆様方にはご存知の方も多いと思います。（中略）鑑真和上は76歳の生涯の中で、一度も女性と接する事のなかった偉人です。唐に居さえすれば天下一の高僧で居られたのに、命懸けで日本に渡り、律する事の尊さを説かれたのです。

片や谷崎潤一郎。全くふざけた男です。佐藤春夫と奥さん同士を取り替えて、本人はそれ（再婚）を履行せず、全く別人と結婚。その間に又別の女と交際して、それが公になると再度離婚。その五日後に結婚しましたが、表に出た一部だけでもかくの如しです。恐らく谷崎文学は、本人の実体験に基づいて女心の機敏《ママ》を描いてこそなのでしょう」

唐招提寺の国宝鑑真和上像は、通常は決まった公開日にしか拝観できないのに、米長さんの特別の計らいで、拝観することができた。また、法然院の墓地の谷崎潤一郎の墓は、わかりにくいところにあり、米長さんに案内していただいた。丸い石が置いてあり、隣に木が一本生えている目立たないお墓であった。

「迦陵頻伽の声を聞いた話」はご存じない方のために紹介させていただく。

米長さんが七度目の名人挑戦者になったとき、ある超能力者に観てもらったことがある。

すると、

「あなたには鑑真和上がついている。唐招提寺へお参りに行きなさい。そこで必ず奇跡が起こる」

と言われた。それであるとき米長さんは唐招提寺へ行った。境内を歩いていた僧に、

「鑑真和上に会いに来ました」

というと、一般の人には許されないはずなのに
「どうぞ」

と御影堂に案内され、鑑真和上像の前にすわることが許された。しばらくすわっていると、なんとも素晴らしい妙なる鳥の声が聞こえてきた。米長さんは案内してくれた僧にお礼を言い、

「あのすばらしい声の鳥はなんでしょうか」

と質問した。

「聞こえましたか。私には何も聞こえませんでした。それは迦陵頻伽の声です。仏と人の心が一つになった時に聞こえてきて、願いがかなうそうです。それにしても、なぜあなたを案内したのか不思議です。一般の方はお断りですから」

案内してくれた僧は、この寺の二番目の高僧だったそうである。

それからまもなく始まった名人戦で、米長さんは、七度挑戦して勝てなかった中原誠名人に4－0で勝って、史上最年長の五十歳で名人位に就くことができたのである。

「米長邦雄と幸せを考える会」は二〇〇〇年を最後に中止となった。会員に送られた通信文は「パソコンのホーム頁で見てください」

ということになった。当時私はパソコンを持っていなかったので、以後は、翻訳書をお送りするくらいで、すっかりご無沙汰することになってしまった。東京都の教育委員として活躍されていたことはもちろん知っていた。

二〇〇九年、前立腺ガンを病まれ、米長さんはこれを公表された。二〇一二年一月に「電王戦」米長邦雄永世棋聖対コンピュータ、ボンクラーズが行なわれ、久しぶりにお元気そうなお姿を拝見してホッとしたが、残念ながら結果は敗れてしまった。通信文をいただいていたときには、「コンピュータの実力は三段くらい」

と言っておられたと思うが、時の流れは速いものである。米長さんは、同年の十二月十八日に六十九歳で亡くなられた。

十二月二十三日、目黒区碑文谷の円融寺で行なわれたお通夜に、そぼ降る雨の中私はただ一人でお焼香の列に加わって、ご冥福を祈った。

「未定」十九号　二〇一四年

長谷川仁　カメムシ研究の権威、昆虫文献蒐集四天王

長谷川　仁《ひとし》先生とお呼びすべきところであろうが、ご本人が「仁《じん》さんでよい」とおっしゃったので、親しみを込めてそう呼ばせていただく。「ジンサン」というと、「ジンサンシバンムシ」という昆虫を思い出す。別名「クスリヤナカセ」とも呼ばれる二・五ミリくらいの小甲虫で、漢方薬をはじめ、植物標本、木材、古書などあらゆる乾燥植物を食害する大害虫で、私は、はじめこの昆虫の名前が仁さんと関係があるのではないかと思っていたが、朝鮮人参が名前の由来だと知った。しかし仁さんご自身もこの名前の一致をおもしろがっておられたようである。

長谷川 仁（1918-2006）（88）Hasegawa Hitoshi

東京生まれ。東京農大昆虫研究室に野村鎮、井上寛らと在籍。後の「鎮・寛・仁」時代を築いた。長く農林省農業技術研究所にあって主に半翅類の分類学的研究を推進。昆虫学史や博物学の業績も多い。「文献四天王」の1人で、虫と文献と酒を通じて白水隆とも親しかった。主著に『(明治以降) 物故昆虫学関係者経歴資料集』(「昆虫」35(3) 補遺、1967年) がある。

これは、『白水隆アルバム—日本蝶界の回想録—』（白水隆文庫刊行会二〇〇七年）の中の「物故・日本の蝶研究者、肖像写真と略歴」からの引用（原文横書き）である。

ご存知ない方のために注を付けさせていただく。

野村 鎮《しずむ》（一九一八－一九七九年）第一高等学校生物学教室副手を経て、桐朋中学・高等学校教諭。甲虫の研究家。北隆館『原色昆虫大図鑑』Ⅱ（甲虫篇）の共著者の一人。四〇〇点余のタイプ標本を含む貴重なコレクションは国立科学博物館に所蔵されている。

井上 寛《ひろし》（一九一七－二〇〇八年）大妻女子大学名誉教授。蛾の研究家。講談社『日本産蛾類大図鑑』Ⅰ、Ⅱの著者の一人。八〇〇点余のタイプ標本を含む膨大なコレクションは、大英自然史博物館に寄贈された。

「鎮・寛・仁」「チン・カン・ジン」と読む。

半翅類 *Hemiptera* 目（カメムシ科、セミ科、カイガラムシ科、アメンボ科、コオイムシ科などが属する）昆虫の総称。仁さんは、とくにカメムシ科研究の権威者であった。

「文献四天王」の文献は昆虫関係の文献。「四天王」とは、白水隆、長谷川仁、小西正泰、大野正男の四先生である。

白水《しろうず》 隆（一九一七－二〇〇四年）九州大学名誉教授。生涯蝶の研究一筋に取り組んだ蝶研究の第一人者。アマチュアにも慕われ、「蝶研究の神様」と言われた。

酒に関しては、仁さんが東の横綱、白水先生が西の横綱と言われた。

パリで活躍した世界的版画家長谷川潔は、仁さんの伯父に当たり、「長谷川潔展」の画録などに、仁さんは、よく解説を書かれた。西原伊兵衛のペンネームもある。

私自身もこの程度のことしか知らず、もっと詳しく知りたいと思って、パソコンで「長谷川仁」を検索したところ、同姓同名の別人（複数）しか出てこなかったので、あらためて「昆虫学者　長谷川仁」を検索すると、

「現在、昆虫学者の長谷川仁さんという方について調べているのですが、すでに亡くなられていることもあり、資料が全くでてきません。どなたか長谷川仁さんについて知っておられる方はございますか？　写真などの資料を一番探しています。心当たりのある方は是非教えて下さい」

というのが真っ先に出てきて、驚いた。そのほかは、昆虫図鑑や昆虫図書の監修者・編者としてお名前が出ているものとか、荒俣宏さんの談話の中や、小西正泰さんの文章の中にお名前が出てくるものしかなく、略歴や紹介文は見当たらなかった。

仁さんにはじめてお会いしたのは、一九八三年四月八日の夜であった。その日の午後二時ごろ、小岩屋敏さん（蝶研究家、標本商、現在　日本昆虫協会会長）が来訪して、ヨーロッパから仕入れてきたさまざまな美しい、珍奇な昆虫標本を見せてくれた。私は、アンドロメダヤママユとか、南米やメキシコの美しいバッタを買った。素晴らしい標本を前にして語る虫談義は尽

きることがなく、気がつくと夕方になっていた。帰る、という敏さんを引きとめて、奥本大三郎さんを呼んで、飲もうということになった。ちょうど東日暮里の酒屋さんから越之寒梅が四本届いていたので、家内に酒の支度をしてもらっているうちに、奥本さんが見えた。酒を飲みながら、標本の話、コレクションの話、採集の話、虫屋の話など、虫談義は十時頃まで続いた。奥本さんの、次から次に出てくる絶妙なダジャレにはほとほと感心した。録音しておかなかったのが残念であった。また、六年後に設立することになる「日本昆虫協会」の主要メンバー、会長（奥本）・副会長（岡田）・事務局長（小岩屋）がそろっていたことは、後になって、偶然ではないような気がした。

「今から駒込へ行きませんか？」

話が一段落した頃、奥本さんが言った。私たちは同意して、私と家内は外出の支度をした。酒があまり強くないし、用事もあった小岩屋さんは、最寄りの駅で降りた。

タクシーは、「KADAN」という店の前にとまった。この店は、のちにかわいい中国の娘さんたちのいるカラオケスナックになったが、当時はアルコールも飲める喫茶店風の店であった。奥の席に、長谷川仁さんと梅谷献二さんが酒を飲んでおられた。初めてお会いする、この超有名な二人の昆虫学者に、私たちは奥本さんから紹介されて、酒席と虫談義に加えていただいた。

小一時間ほど楽しい談話が続いたあと、梅谷さんがお帰りになるというので、お見送りをし

たあと、仁さんが、

「腹がへったなあ、何か食べに行こうよ」

ということで、奥本さんの行きつけの焼肉屋へ行くことになった。道々、仁さんは、前を歩いて行く妙齢のご婦人のうしろについて行き、お尻に触れんばかりに手を伸ばして、ハラハラしている私たちを振り返って、にっこりするという茶目っ気ぶりを見せた。

ビールを飲みながら焼肉やテグタンなどを食べてから、またＫＡＤＡＮへ戻って水割りを飲んだ。そろそろ帰ろうということになった時は、二時を過ぎていた。

「もう、電車がないよ。困ったなあ」

と仁さんが言った。

「あばらやですが、お泊りになりませんか?」

と私。

「いいかね。お願いしようかな」

「どうぞ、どうぞ」

というわけで、赤羽のわが家にお越しいただいた。

家に着いてから、深夜であったが、まず奥様にお電話をした。簡単な自己紹介をして、こうなったいきさつをお話しし、一夜お預かりいたしますが、ご心配なく、と申し上げた。

そしてまた酒となった。

あらためて私は自己紹介を兼ねて、兄の影響で、昆虫に興味をもち、疎開先の中学時代に蝶の採集と飼育に熱中したこと、高校受験に失敗してから長いブランクがあって、二年ほど前、家内とつき合うようになってからまたこの趣味が復活したこと、ムシヤマチョウタロウこと西山保典氏の案内で、フィリピンやタイに採集に行ったことなどをお話しした。仁さんは、うまそうに酒を飲みながら聞いてくださった。しかし、いかにお酒に強いからといっても、お年を召されているのだから、あまり無理をされてはいけないと思い、四時ごろお休みいただくことにした。

翌朝十時ごろ、家内が朝食の支度ができたというので、お休みいただいた部屋をそっとのぞいたところ、仁さんはもう起きて、着替えもすませて、標本箱を眺めておられた。

「これはすごいねえ。おもしろい！」

とタイで採集した雑虫（カメムシ、カミキリムシ、ゾウムシ、ゴミムシなど）の箱と、アオタテハモドキのオス・メスのぎっしり入った箱を前に見ておられた。タイの標本は、チェン・ダオとチラチャで主として家内が採集したもので、カメムシとゴミムシに珍しいものがあるということであった。アオタテハモドキは、前年十一月、「目白の怪人」こと大野義昭さん（私の蝶の師匠の一人）が沖縄から送ってくれた母蝶に卵を産ませて、飼育したものである。食草のキツネノマゴが霜枯れてしまう時期だったので、苦労して毎日食草を採りに行き、夜間も電気をつけっぱなしにして飼育したので、とくにメスの眼状紋が大小さまざまになったものであった。

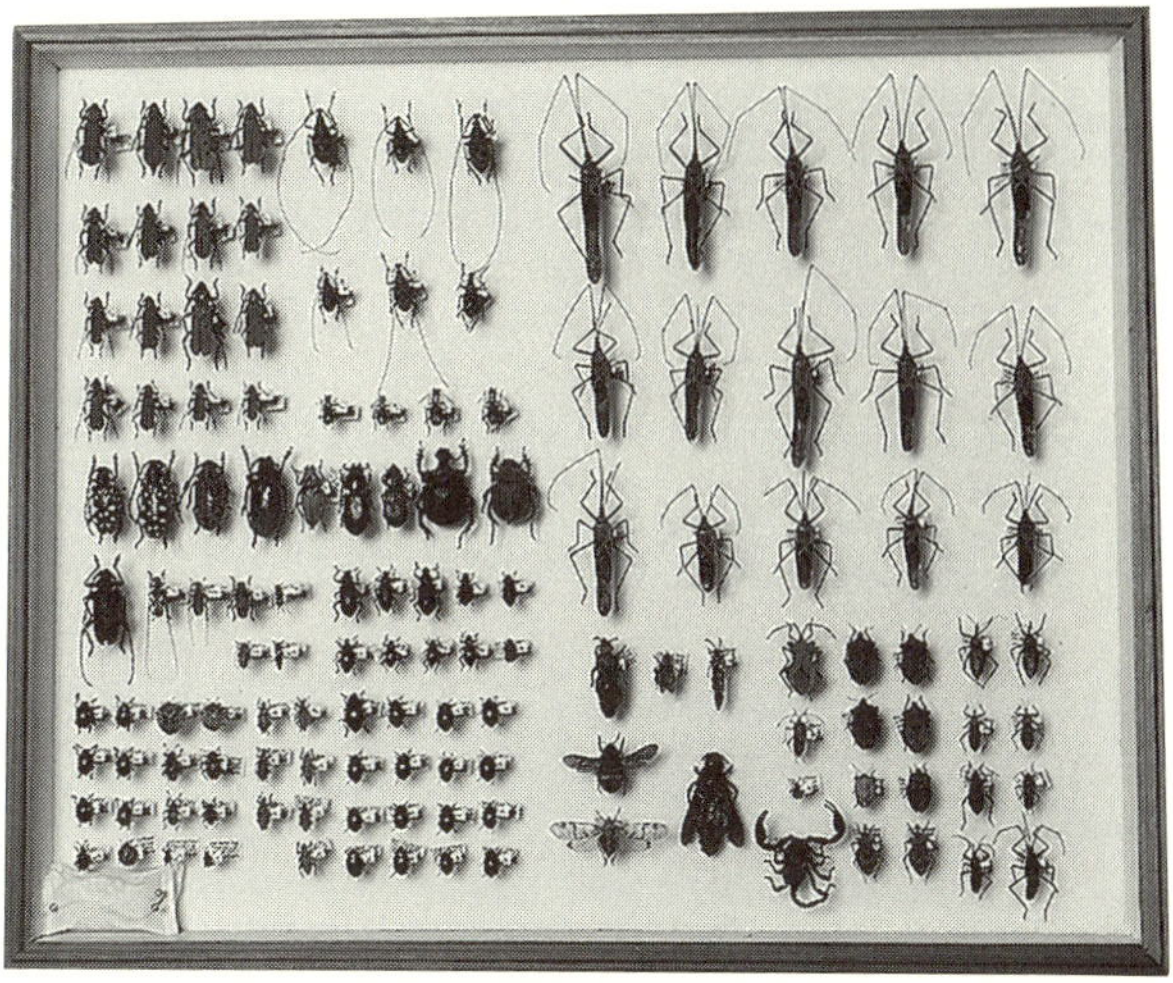

タイの採集品　1983年

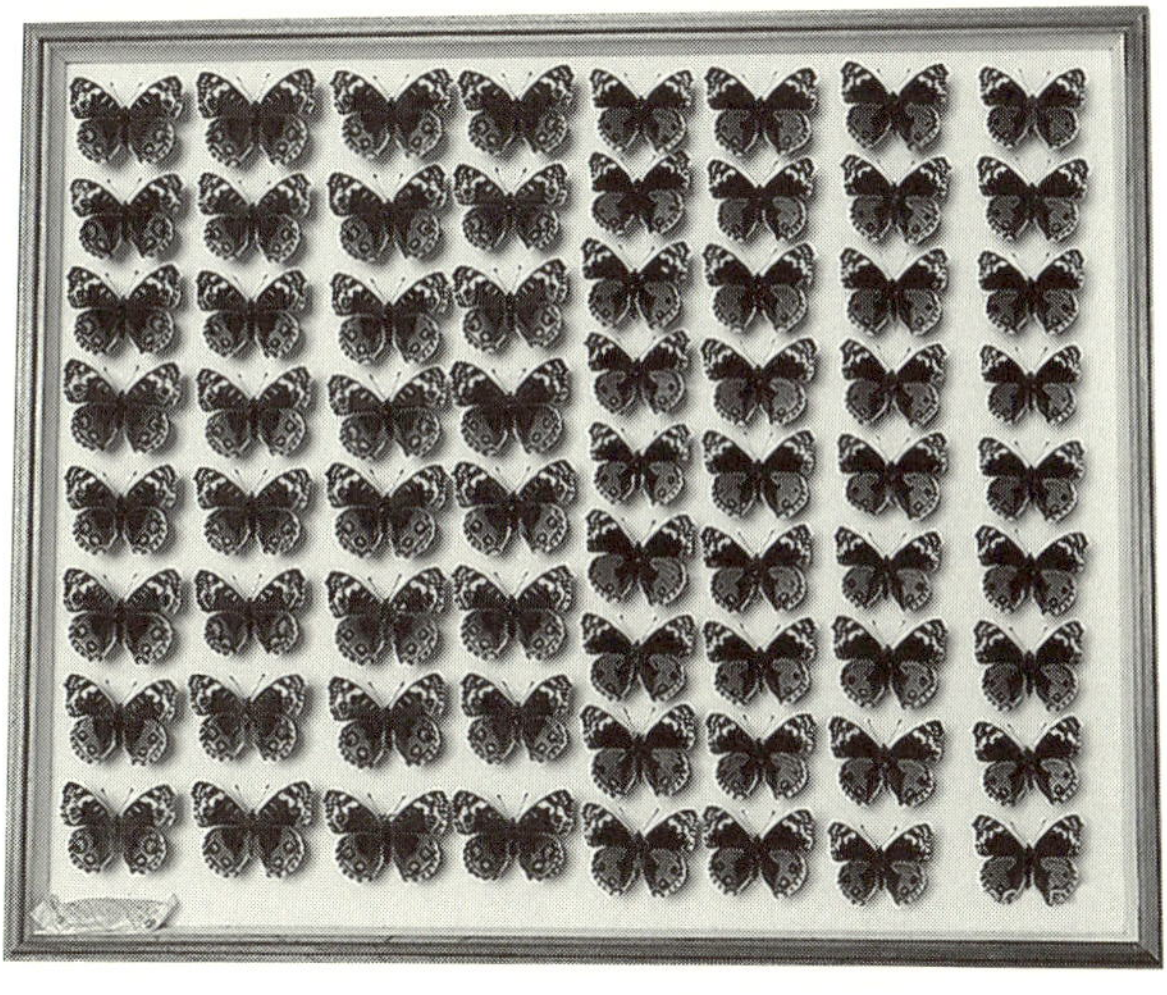

アオタテハモドキ　右半分♂ 左半分♀

朝食は、ビール、焼き塩鮭、卵焼き、ホウレンソウのお浸し、海苔、味噌汁などありきたりのものであったが、仁さんは、お好みではないらしく、

「ビフテキかウナギはないかね？」

とおっしゃったので、びっくりした。

「ビフテキはありませんが、冷凍のウナギならあります」

と家内が言うと、

「うん、それでいいよ」

ということで、温めたウナギのかば焼きが出てきた。

「これがいいんだよ」

と仁さんは酒を所望され、ウナギをつつきながらぬる燗の寒梅をうまそうに飲んで、ご機嫌であった。

昼頃、私の兄が来た。用事があったわけではなく、山梨の桃の里へ行くところで、友人との待ち合わせに時間があるので寄ったという。兄は画家だが、昆虫のコレクターで、長谷川仁さんのことは存じ上げており、長谷川潔のことなどを伺っていた。兄は小一時間ほど酒に付き合って、帰っていった。

三時ごろだったろうか、

「岡田さん、家にスミレを見に来ないか？　四十鉢ほどあって、いろんなスミレがちょうど咲

いているんだよ」

と仁さんが言った。

「それはいいですね。お送りがてら、見せていただきたいですね」

「それじゃ、奥さんも支度をしてください」

かなり飲んでいて、もちろん運転はできないので、タクシーで行くことになった。仁さんの家は保谷ということで、私は田無の姉の家へ行くときに何度も通ったことがあるので、運転手さんに保谷駅までの道を指示して、あとは、仁さんにお願いすることにした。

お宅に着いて、玄関で奥様にご挨拶してから、庭へ案内され、ずらっと並んだスミレの鉢を見せていただいた。見事なものであった。数種類しか名前を知らなかったが、「アケボノスミレ」を知っていたので、

「ほう、よく知っているねえ」

と褒められた。

書斎でお茶をいただいてから、

「蔵書を見せてください」

と言って書庫へ行った。「文献四天王」のお一人だけあって、ものすごい量の昆虫関係の文献がそろっていた。プライヤーの日本産蝶類図譜の原本をはじめ、いつまでも見ていたかったが、

長谷川仁さんと筆者の妻

「いらっしゃいよ」

と呼ばれて、席に戻った。奥様がサントリーのボトルと水割りの用意をして、つまみを出してくださり、また酒席となった。仁さんは、ときどき席を立って、江戸時代の昆虫や花の絵や、春信や歌麿らの春画など珍しいものを次々に見せてくれた。長谷川潔の版画や、挿画本も見せてくれた。

「ぼくはこんなものを集めているんだよ」

と、ブリキ製のカブトムシやテントウムシなどのたくさん入った箱も見せてくれた。

「これは手がかからなくていい。どこかで珍しいのを見つけたらもってきてよ」

とも言われた。

いつのまにか夕食時間になって、奥様がビフテキを出してくださった。恐縮していると、「主人はこれがないとだめなんですよ」

とのことであった。

仁さんと話をしていると、どんな話でも楽しく、時のたつのを忘れてしまう。どんな話をしたのかは思い出せないが、気がついたら、0時近くになっていたので、驚いて、

「初めてお目にかかりましたのに、長時間お邪魔してご馳走になり、ありがとうございました。電車のあるうちに帰ります」

と席を立つと、

「駅まで送りましょう」

と仁さんも席を立った。

「わかりますから、結構です」

と申しあげると、

「ちょっと出たいんだよ」

とのことで、甘えることにした。

駅のそばまで来ると、

「ちょっと一軒寄って行こう」

と、一軒のバーに入った。

妙齢のママがいて、仁さんとはなじみのようであった。オールドパーのボトルと水割りを頼んで、それが用意されると、

「サンマを焼いて、シャンソンをかけてね」

といった。妙な取り合わせに驚いていると、

「シャンソンが好きなんでね」

と言われた。

やがて、リュシエンヌ・ドゥリールの暗い歌声が聞こえてきた。仁さんの思いがけない一面を覗いたような気がした。

お目にかかってから、二十六時間以上経っていた。この辺でお別れをしないと、またどうなってしまうかわからないので、水割りを二杯ほどいただいたところで、ご挨拶をして、仁さんをバーに残して、席を立った。電車で帰ったのか、タクシーで帰ったのかさえ覚えていない。

数日後、仁さんにお礼状を出した。仁さんからもお手紙をいただいた。

こんなことがあってから、仁さんからときどきドイツ語の短い記載文などの翻訳を依頼されたり、昆虫学者の会合に呼ばれたりした。その席で、文献四天王のお二人、小西正泰、大野正男先生にもお会いすることができた。

あるとき、仁さんから

「昆虫の本の編集をしているので、『チョウとガの美しさ』というテーマで原稿を書いて欲しい」

というご依頼があった。私などでよいのか、という思いもあったが、ヘルマン・ヘッセの蝶と蛾に関する詩文集『蝶』(朝日出版社 一九八四年、岩波書店 一九九二年)を訳して、ヨーロッ

長谷川仁

ヘルマン・ヘッセ
蝶
「華麗な恋人」蝶と
文豪ヘッセとの
熱いかかわり。
同時代ライブラリー
2周年
100冊
刊行記念
フェア

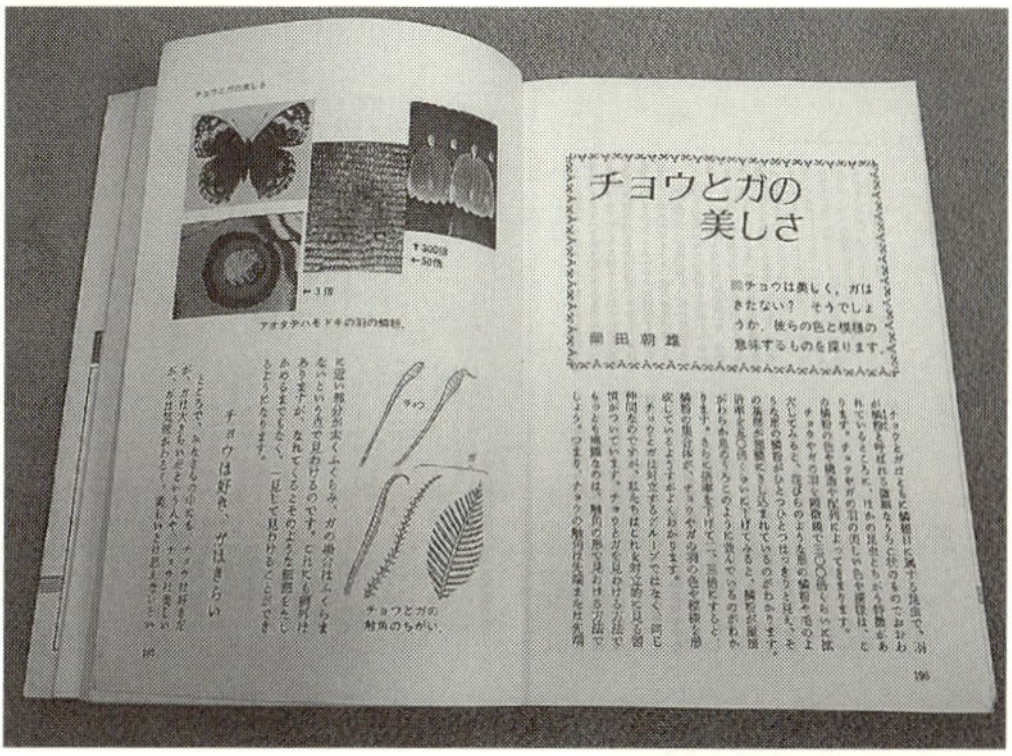
チョウとガの
美しさ
チョウは好き、ガはきらい

昆虫と
会おう
長谷川 仁 編
東京周辺では、10月の

パではわが国ほど蝶と蛾を峻別せず、同じように扱っていることを知って、とくに関心を持っていたテーマだったので、お引き受けした。

この原稿は、松香宏隆さんの写真入りで、長谷川仁編『昆虫とつき合う本』（誠文堂新光社一九八七年、新装・改題復刊『昆虫と会おう』（一九九一年）に収録された。この本には、仁さんご自身も、「遠くへ行きたがるオオキンカメムシのなぞ」を書かれており、二十五人の昆虫学者や昆虫愛好家がそれぞれ専門の、あるいは興味をもつテーマについて書いた解説文が載せられている。執筆者に数名存じ上げている方もあって、その中に、「虫こぶ（虫えい）のひみつ」を書かれた薄葉重《しげし》さんの名前が載っていて、私は大変驚き、またうれしく思った。薄葉重さんは、私が蝶の採集に熱中していた中学生のとき、担任の先生に連れられて紹介していただき、私に蝶の飼育のおもしろさを教えてくださった方である。当時、東京教育大学の学生で、栃木昆虫愛好会の機関誌「インセクト」の編集をしておられた。アマチュア昆虫研究の偉大な指導者、磐瀬太郎さんとも知り合いで、私に、数冊の磐瀬太郎著『日本産蝶類生活史覚書』（宝塚昆虫館報）を貸してくださった。これは私にとって、蝶の飼育に関する最高の参考書となった。つまり、薄葉さんは、蝶の恩師であったのに、私はずっとご無沙汰していたのである。私は、仁さんに薄葉さんのことを伺って、都立両国高校の生物の先生であることや、住所を教えていただいて、ご無沙汰のお詫びのお手紙を書くことができた。

仁さんからいただいた「チョウとガの美しさ」のテーマは、その後もずっと私の強い関心事となって、フリードリヒ・シュナック『蝶の生活』（岩波文庫　一九九三年）や『蝶の不思議の国で』（青土社　一九九七年）、ヘルマン・ヘッセ『少年の日の思い出――ヘッセ青春小説集』（草思社　二〇一〇年）などを翻訳出版することにつながった。

「未定」二十号　二〇一五年

北杜夫　昆虫を愛した作家、どくとるマンボウ

北杜夫の作品を初めて読んだときのことを私は忘れることができない。その作品は、一九五九年の「新潮」二月号に掲載された『谿間にて』である。当時私が大学の二年で、学年末試験がすんだあと、三兄が住職をしている栃木県伊王野村（現在那須町）の正福寺へ行っていたときのことである。「北杜夫」については、のちにいろいろなことがわかってくるのだが、そのときは初めて見る名前で、どえらい新人が現れたと思い、たちまち私は大ファンになった。

私は東京生まれだが、一九四三年、国民学校二年の終わりに栃木県那須郡の親園村（現在大田原市）の、次兄が住職をしていた養福院に疎開して、四年のとき終戦を迎えたけれど、東京へは戻らず、中学二年から伊王野村へ転居して、二年間そこの中学に通った。その時期、私はヘッセの『少年の日の思い出』の主人公以上に、ほかの何もかも忘れるくらい蝶の採集と飼育に夢中になっていた。伊王野全村の蝶を採集して分布を調べ、先輩からお借りした数冊の磐瀬太郎著『日本産蝶類生活史覚書』（宝塚昆虫館報）を参考に、目につくかぎりの蝶の飼育をして、

それを記録していた。三年のとき、受け持ちの先生の強い勧めで、採集標本と採集・飼育記録を県の理科展に出品したところ、二等になった。しかし、そんなことのために、東京へ戻って都立高校の受験をしたところ、不合格になってしまった。当時は滑り止め受験などまったく考えていなかったので、一年間、長兄が住職をしていた私の生家、赤羽の普門院で、雑巾がけ、庭掃除、墓掃除などしながら、浪人生活をする羽目になった。翌年入った都立高校では、英語と数学が苦手になり、経済的にも昆虫採集は続けられなくなって、どこか国立大学に入って昆虫学者になりたいという初志はあきらめざるをえなかった。私の趣味は次第に文学、映画、登山、囲碁、将棋などに移っていったけれど、蝶を採集していたときのような、心臓が破裂するかと思うほどの興奮や、内臓が千切れるかと思うほどの悔しさや、目もくらむような有頂天は感じられなくなった。

さて、『谿間にて』は、終戦の翌年四月、無残に荒れた上高地から話が始まる。昼飛性の珍しい蛾キオビセセリモドキが飛ぶ早春、クシケアリの巣の中でアリの卵や幼虫を食べて成長するというゴマシジミの幼虫を探している男に会うくだりを読んで、この作者がただならぬ「虫屋」（昆虫に関心を持つプロ・アマチュアの総称）であることを知った。その男から聞かされる台湾の珍蝶フトオアゲハの採集の話がこの作品の中心になっている。フトオアゲハは、蝶の採集に夢中になった人なら、誰でも知っているあこがれの蝶である。平山修次郎著『原色千種続

フトオアゲハ　上♂ 下♀

昆蟲圖譜』の最初の図版にこの蝶が頁いっぱいに出ており「昭和七年（一九三二年）七月初メテ台湾台北州羅東郡烏帽子河原ニテ発見セラレ、爾来採集セラレシ総数僅ニ六匹ニシテ既ニ種類ヲ保護スル為捕獲禁止トナリタル貴重標本ナリ」と書かれていた。この作品を読んで、私は忘れていた昆虫採集の興奮を久々に味わった。昆虫採集をテーマとしたおそらく初めての本格的な小説の出現であろう。アリサンキマダラヒカゲ、アケボノアゲハ、ナガサワジャノメ、ポッポアゲハ、オニツヤハダクワガタなどの蝶や昆虫、ニイタカトドマツ、フクトメキンバイなどの植物をはじめ、台湾の自然描写が雰囲気を高め、フトオアゲハを求める採集行の迫真の描写が素晴らしかった。この作品の真価を理解するには、戦前・戦中の昆虫採集熱と、昆虫少年や虫屋の台湾の昆虫へのあこがれを知らねばならない。私にとっては、ヘルマン・ヘッセの『少年の日の思い出』に次いで、しかもそれ以上に感動・衝撃を受けた作品であった。

この作品は、その年の芥川賞候補の筆頭に挙げられ、審査員の瀧井孝作氏が強く推しておられたが、受賞には至らなかった。審査員の中に昆虫採集の経験がある人がおられたなら、間違いなく受賞したと思われる。特殊なテーマなので、やむを得なかったのかもしれないが、まことに残念なことであった。私は生まれて初めて北杜夫にファンレターを書いた。

翌年、『夜と霧の隅で』が芥川賞を受賞したこと、そしてその二年前に『どくとるマンボウ航海記』が大ベストセラーになったことは周知の事実である。

また、一九六一年に出た『どくとるマンボウ昆虫記』を読み、『谿間にて』の作者の正体を知って、私は納得した。作者は少年時代からの熱烈な昆虫採集家であり、昆虫学者を志した本物の虫屋であり、父君斎藤茂吉の反対で医学への道に進んだことを知ったからである。

一九八一年に奥本大三郎著『虫の宇宙誌』（彌生書房）という本が出た。これを読んで、私は心の奥にしまい込まれていた昆虫への情熱が激しくゆすぶられた。当時付き合っていた女性（現在の家内）も興味をもってくれたので、久々に昆虫採集が復活することになった。渋谷の志賀昆虫普及社で、採集道具一式とドイツ型標本箱を買い揃えて、春を待った。このときほど春が待ち遠しかったことはない。この年から私たちは暇さえあれば昆虫採集に出かけた。多くの若い虫屋とも知り合い、子供のころは夢のまた夢であった海外にも採集に出かけた。こうして標本箱は、十箱、二十箱と増えてゆき、十年後には三百五十箱を超えた。

また、フォルカー・ミヒェルス編のヘルマン・ヘッセ『蝶』という本を見つけて、翻訳した。これは、一九八四年に、当時としては珍しく、挿絵をオールカラーで出版することができた（朝日出版社）。この書は、一九九二年に岩波同時代ライブラリー百冊記念としても出版された。この訳書では、問題の多い原書の蝶や蛾の図版を大幅に変え、蝶や蛾の名前に特に注意を払った。語学的な誤訳は訳者の恥ですむかもしれないが、動植物の誤訳は、気付かれにくいため、とくにこのような本の場合、作者を冒瀆することになると思ったからである。

「アニマ」９ №１６５（平凡社　一九八六年）に掲載された、「どくとるマンボウ昆虫を語る」北杜夫・奥本大三郎対談「気絶しそうな虫の本」の中で、前述の、ヘルマン・ヘッセ『蝶』が取り上げられ、次のようなところがある。

北――……（引用）これはもう、ほんとうの虫屋以外の何物でもありませんね。しかも訳語・解説の見事さというのはたいへんなものですね。

奥本――うまいでしょう。いいでしょう。訳者の岡田朝雄さんは、ハンス・カロッサなんかが好きな独文学者です。

北――こういう方がシュナックのほかの虫の本も翻訳してくださるといいんですけど。（中略）

とにかく、外国産の蝶の名前にしろ、実にすばらしい和名をつけておられます。岡田さんはまた、『蝶の入門百科』という本を松香宏隆さんと共著で出されていますが、蝶については実にくわしい。採集の方法から、卵、幼虫、蛹の採集から飼育の仕方とか、展翅のやり方から、図鑑や雑誌や同好会のことまで書いてありますからね。何ともはや蝶好きの人にはたまらないほど立派な方だと思います。

身に余るお褒めの言葉であった。奥本さんもシュナックの『蝶の生活』の翻訳を勧めてくださっており、このおかげであろう。まもなく岩波書店の編集部の方から、シュナック『蝶の生活』の翻訳依頼の話があり、一九九三年、岩波文庫の一冊として刊行することができた。

また、青土社から、シュナック『蝶の不思議の国で』も刊行することができた。

『蝶の生活』が上梓されたとき、お礼状とともに、この文庫本と、小型のドイツ型標本箱二箱に、私の所有していたオオチャイロハナムグリ三頭をはじめ、内外のコガネムシの標本をぎっしり詰めて、北さんにお送りした。それは、先ほどの対談の最後に、

「もっとも、ぼくはコガネムシだけしかやらないから、岡田さんにもコガネムシを採って貰って、ぼくの蝶をあげるかわりに、何とかしてかれのコガネムシを略奪してやりたいですがね」。

と書かれていたこと、そして、

「ある人に標本を貸したら、大切にしていたオオチャイロハナムグリが返ってこなくて、困っ

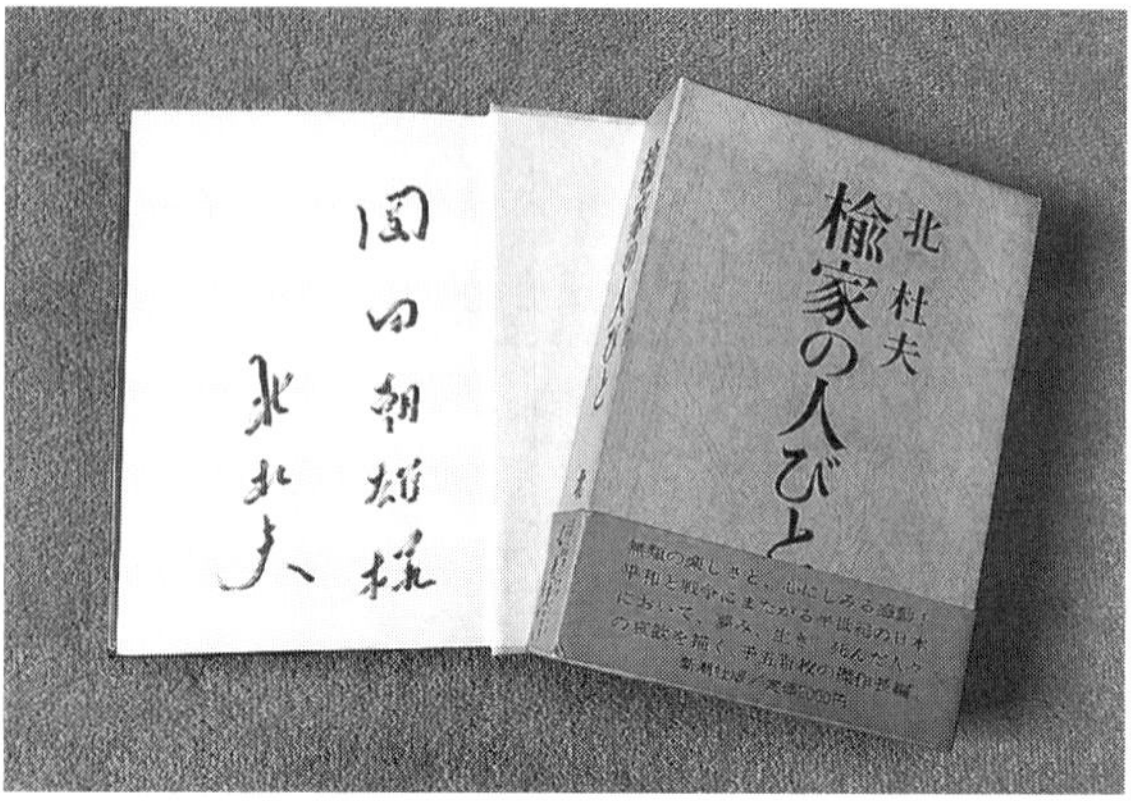
北 杜夫

Manbou Lübeck
Setagaya
Mabuse
Kommunistich
Staat
C·02416918
500000

RBD
Manbou
Lübeck Setagaya
Mabuse
Kommunistich Staat
MANBOU BANK NOTE
1977. 4
100000
078942

Manbou Bank Note
500000

Manbou Bank Note
100000 Mabuse

ています」というハガキをいただいたからである。オオチャイロハナムグリは、北さんが中学生の時に採集して、図鑑に「珍しい」と書かれていたので、非常に喜び、これがコガネムシの採集に集中するきっかけになったという。大人になってからも、軽井沢で採集して大切に保管していた標本だという。

お送りしたお返しに、『楡家の人びと』の署名本と、マブセ共和国銀行券五〇万マブセ札五枚と、一〇万マブセ札三枚をいただき、大変恐縮し、ありがたく思った。

一九九一年四月、日本昆虫協会を設立した。会長奥本大三郎、副会長岡田朝雄、事務局長小岩屋敏である。この協会の目的は、地球上でもっとも繁栄した生物である昆虫を通して、自然とは何かを追究しながら、①正しい自然保護運動に積極的に参加すること、②昆虫採集のすばらしさを世の人びとに理解してもらい、子供たちや愛好家が思う存分昆虫採集を楽しめるような環境づくりを関係省庁や教育界に提言すること、③愛好家が守らねばならぬモラルを愛好家自身で作ること、④昆虫標本の個人コレクションを貴重な文化財として位置づけ、その散逸・海外流失を防ぐために大型自然史博物館を設立すること、などである。私は、北さんに、この協会の名誉会員になっていただきたいとお願いし、快諾を得たので、パンフレットにお名前を掲載させていただいた。この協会の発足は、マスコミにも大きく取り上げられ、最盛期には会員も二千名を超えた。

二〇〇六年三月、日本アンリ・ファーブル会（理事長奥本大三郎）の理事会の折、新部公亮氏と「北杜夫の『どくとるマンボウ昆虫記』を中心とする作品の昆虫展をやりたい」という話で意見が一致して、その実現に全面協力することになった。翌年、新部氏から、展覧会に必要な標本をほぼ集める見通しがついたという連絡がきたので、私は、北さんに次のようなお願いの手紙を出した。

北　杜夫　様

拝啓　お元気でお過ごしのことと拝察いたします。日本昆虫協会の岡田でございます。今日は、お願いがあってお便りいたしました。お願いと申しますのは、『谿間にて』や『どくとるマンボウ昆虫記』などの御作品に現れる昆虫の展示会をやりたいのですが、そのご許可をいただけないでしょうか、ということでございます。

少し詳しくご説明いたします。私の友人に、栃木県庁環境森林部に勤務する新部公亮という虫屋がおります。熱烈な北杜夫ファンで、『どくとるマンボウ昆虫記』に刺激されて、昆虫採集熱が高まったそうです。彼は、本務の余暇に、「旭川科学館」「虫の詩人の館」「高槻市芥川緑地公園」「萩市博物館」等、全国で十回ほど昆虫の標本展示会や生態写真展を開催して、好評を博しました。この実績が認められて、昨年十月、栃木県県民の森（矢板市）に、「マロニエ昆虫館」という常設の昆虫専門の展示施設を開設することができました。ここで彼は、

「分類標本＋食餌植物＋生息環境＋分布」といった、どこの昆虫館でも見られるような自然科学系の展示ではなく、「知識よりも感動」をメインテーマとした人文科学に根ざしたユニークな展示を目指して評判になっています。「ことわざ・格言の中の虫たち」「話題の昆虫たち」など、とくに昆虫マニアではない一般の人びとにも興味深いテーマをとり上げ、とくに「文学に登場する昆虫」には力を入れています。一例を挙げれば、ヘッセの『少年の日の思い出』に出てくるクジャクヤママユなどの実物を展示し、文章や作者紹介とともに一般の人にわかりやすく解説するというものです。

昨年三月、日本昆虫協会の総会と日本アンリ・ファーブル会理事会で新部氏に会った折に、『谿間にて』や『どくとるマンボウ昆虫記』に出てくる蝶や昆虫を集めていて、その準備ができて、許諾が得られたならば、展示会を開きたいという話を聞きました。「実は私も北杜夫の大ファンで、フトオアゲハやパルナシウス・リヒトホーフェニイなど蝶を中心に集めていて、集まったら、北さんにさし上げたいと思っている、もし、展覧会ができることになったら微力ながら全面協力したい」と話して、意気投合しました。私の方は、昨年三月に東洋大学を定年退職して、やっと好きなことがやれる状態になるはずでしたが、今、全十六巻の『ヘルマン・ヘッセ全集』（臨川書店）が刊行中で、それに収録される作品の翻訳に忙殺されております。昨年、「マロニエ昆虫館」を見学する機会がありました。少ない予算の中での新部氏の創意工夫と熱意に大いに感心いたしました。

先日、新部氏から、『谿間にて』『どくとるマンボウ昆虫記』等の作品に出てくる昆虫標本の収集がすんだこと、これらの書の出版元、中央公論社と新潮社に展示についての許諾をお願いする手紙を出したけれども、まだ返事が来ていないこと、もしも、北先生と出版社の許諾を得ることができましたら、来年の春には、栃木県日光市の「だいや川公園」(日光市内の大谷川緑地を中心とするすばらしい自然公園で、イベントとしては、「全国蕎麦祭り」などが行われます)で特別展示を催し、さらに夏には、「マロニエ昆虫館」の名称を期間限定で「どくとるマンボウ昆虫館」と変更して、展示会を開催することを夢見ているので、許諾についてのお願いをしてほしい、という手紙が届きました。なお「だいや川公園」も「マロニエ昆虫館」も入場無料の公共施設です。

以上のような新部氏の展示会開催の希望と、それに賛同する私のお願いをかなえていただけませんでしょうか。もちろん、展示の方法等につきましてご希望や条件などございましたら、その通りにいたします。展示の具体例をお示しする必要がございましたら、用意する予定でございます。突然のお願いで恐縮でございますが、おさしつかえなければ、どうかよろしくお願い申し上げます。

敬具

岡田朝雄

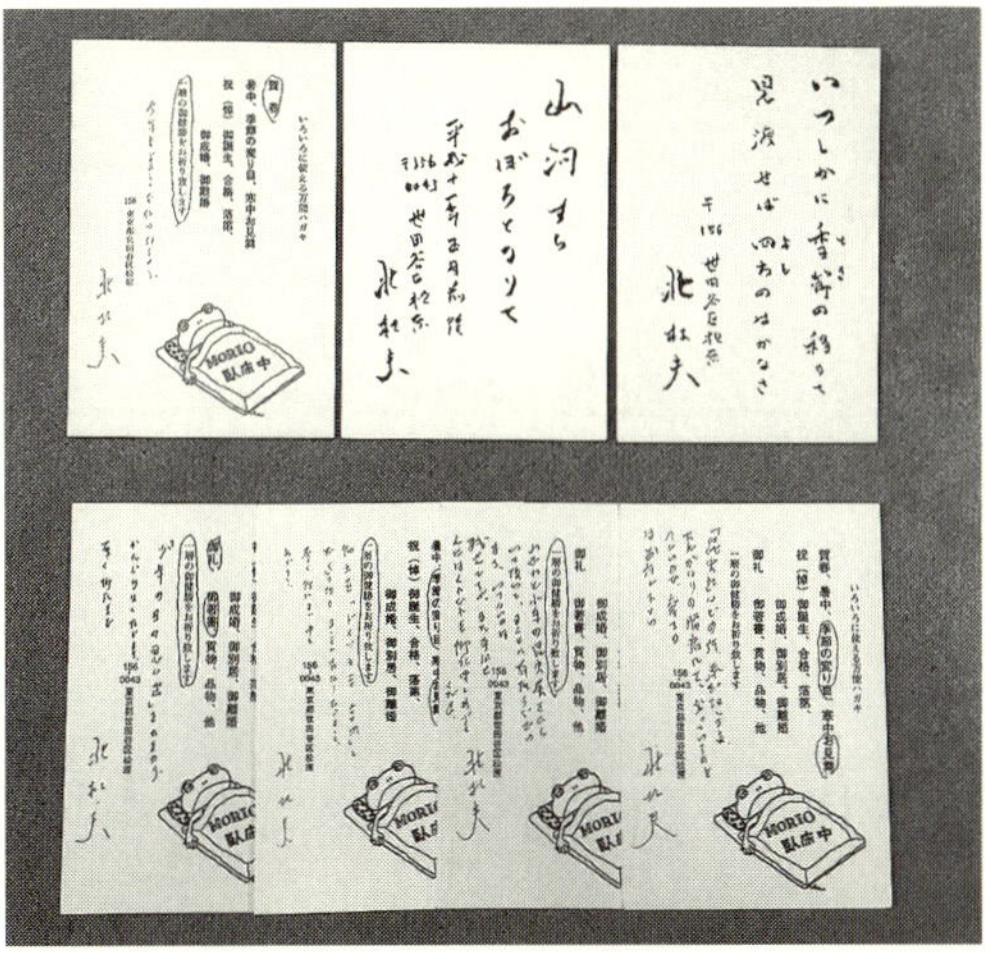

いただいた年賀状と「万能ハガキ」

北さんからは、何度かいただいたことのある「いろいろに使える万能ハガキ」で、

「『昆虫記』などの件、承知致しました。ただかなりの腰痛にて、坐っているのもつらいので、參るのはお許し下さい　北　杜夫」

という簡単な許諾のお返事をいただいた。

また北作品の版元の、新潮社、中央公論社の編集者からも、「北先生からの許諾があれば、出版社も許可します」というお返事を新部氏が得ていた。

こうして「どくとるマンボウ昆虫展」の準備にとりかかった。私は北作品に出てくる蝶の標本はほとんどもっていたが、新部氏ももっているということなので、蛾の標本を出品することにした。新部氏は、奥本大三郎氏をはじめ、全国の虫屋に協力を呼びかけた。

何よりも幸運だったのは、北杜夫ご自身が旧制松本高校時代に採集した多くの蝶や甲虫をはじめ、最上川畔でご父君斎藤茂吉と散歩中採集したペレーヒゲベッコウ（狩人蜂の一種）や、『どくとるマンボウ航海記』に書かれているシンガポール上陸のとき、帽子で採ったというコモンタイマイ（揚羽蝶の一種）などの歴史的ともいえる標本を、ラベル（採集地・採集年月日が記録されたデータ）付きで展示することができたことである。これらの標本は北さんから奥本さんがお預かりしていたもので、蝶の標本は、三角紙に収められブリキの缶に入れて保管されていたものを、奥本さんが展翅を依頼して標本にしたものである。甲虫やその他の昆虫は、タトウ（脱脂綿の上に昆虫を並べて、和紙で着物を包むように包んだもの）にラベル付きで入れられていた。新部氏は、数人の専門家に依頼して、それらの標本の同定をしてもらい、一覧表も作成し、北杜夫の文章や解説文を展示用のパネルにして標本箱に収めた。

こうして「どくとるマンボウ昆虫展」の準備が出来上がった。これは、『どくとるマンボウ昆虫記』に出てくる一八六種の昆虫のうち、一八三種をその標本と文章、解説とともに展示したもので、ひとつの作品の素材がこれほど完璧に集められた例はほかにはないのではないだろうか。

この展覧会は大変好評で、まず今市市の「だいや川公園」で初公開されて、NHKテレビでも紹介された。続いて、矢板市、結城市、川口市、仙台市、松本市（三回）、軽井沢（三回）、北杜市（二回）、青木村、上山市（二回）、日光市、十日町市、福山市（二回）、足利市、東北

「どくとるマンボウ昆虫展」　山と自然博物館

大学、土屋文明記念文学館、世田谷文学館など、一都六県三十会場で公開された。

二〇〇八年十月、旧制松本高校で、「北杜夫の文学と松本高校青春期」という催しがあり、その時期にも「どくとるマンボウ昆虫展」を開催して、新部公亮と私が『『どくとるマンボウ昆虫展』を十倍楽しく見る法』という講演を、もとの図書室で行った。「十倍楽しく見る法」は新部氏に任せ、私は、斎藤宗吉（本名）の家系、ペンネームの由来、北杜夫が最も尊敬し、大きな影響を受けたトーマス・マンのこと、昆虫研究と作品などについて話した。

二〇〇九年の夏、軽井沢高原文庫で「辻邦生展」が開催された時期に、堀辰雄山荘で「どくとるマンボウ昆虫展」が同時開催された。この時は、「辻邦生展」のためにお見えになった天皇皇后両陛下が、この展覧会も二十分間もご覧くださったという。

あまり評判がよいので、「かなりの腰痛にて、坐っているのもつらいので、參るのはお許し下さい」と言っておられた北さんも、奥様の斎藤喜美子さんやお嬢様の由香さんとご一緒に何度かお見えになり、講演やインタビューにも応じてくださった。松本の「山と自然博物館」で開催されたとき、私はフトオアゲハ雄・雌の標本をお持ちしたが、「もう管理できないから」と受けていただけなかった。

十日町市で開催されたときには、次のようなお言葉をお寄せくださった。

十日町の皆様へ

北　杜夫

私が大切にしていた昆虫の標本展が十日町で開催されることを嬉しく思います。

私が本格的に「虫屋」になったのは麻布中学の先輩で、のちに昆虫学者になった橋本碩《ひろし》さんのおかげです。橋本さんは渋谷に「志賀昆虫普及社」という専門店があることを教えてくれました。又、そこでは蝶を展翅する他に、甲虫などは展足することも教えてくれました。

私はそこで、志賀卯助《うすけ》さんと奥様にたびたびお会いしました。

そこには採集用具の他に、台湾産や朝鮮産の昆虫が売られているので、志賀さんに尋ねると「これは採集人というのを派遣して採集させるのです」と教えてくれました。またラベル印刷機というのもそこで買い、私の昆虫標本は本格的になったのでした。

のちに私は『谿間にて』という「或る男が、当時世界で七匹しか採集されていなかった珍蝶［フトヲアゲハ］を採集したが、一夜明けると胴体をゴキブリに喰われてしまい、カッとなって踏みつぶしてしまった」という小説ですが、しかし彼はクシケアリの巣で育つゴマシジミの生態を、ほぼ調べてしまった。そのときの受賞作はなかったのですが、これはフィクションです。この作品は芥川賞の候補となりました。そのときの受賞作はなかったのですが、のちに日本昆虫協会の副会長でもある岡田朝雄さんが「あの作品が受賞していれば、日本の昆虫研究も、もう少し早く盛んになったかもしれませんね」、と言って笑っておられました。しかし、そのきっかけを与えてくださったのは、橋本さんや志賀さんのおかげだったのです。

このたび十日町の名誉市民である志賀さんの蝶のコレクションも寄贈・展示されることを知り、まことに嬉しく思いました。この「昆虫展」に一人でも多くの方達が来てくださることを願っております。

またこの展覧会は二〇一一年九月、信州大学で日本昆虫学会が開催された期間にも、その一部が公開された。総会が終わった後、「『虫や』のみなさまへ」という北杜夫のメッセージを私が代読した。

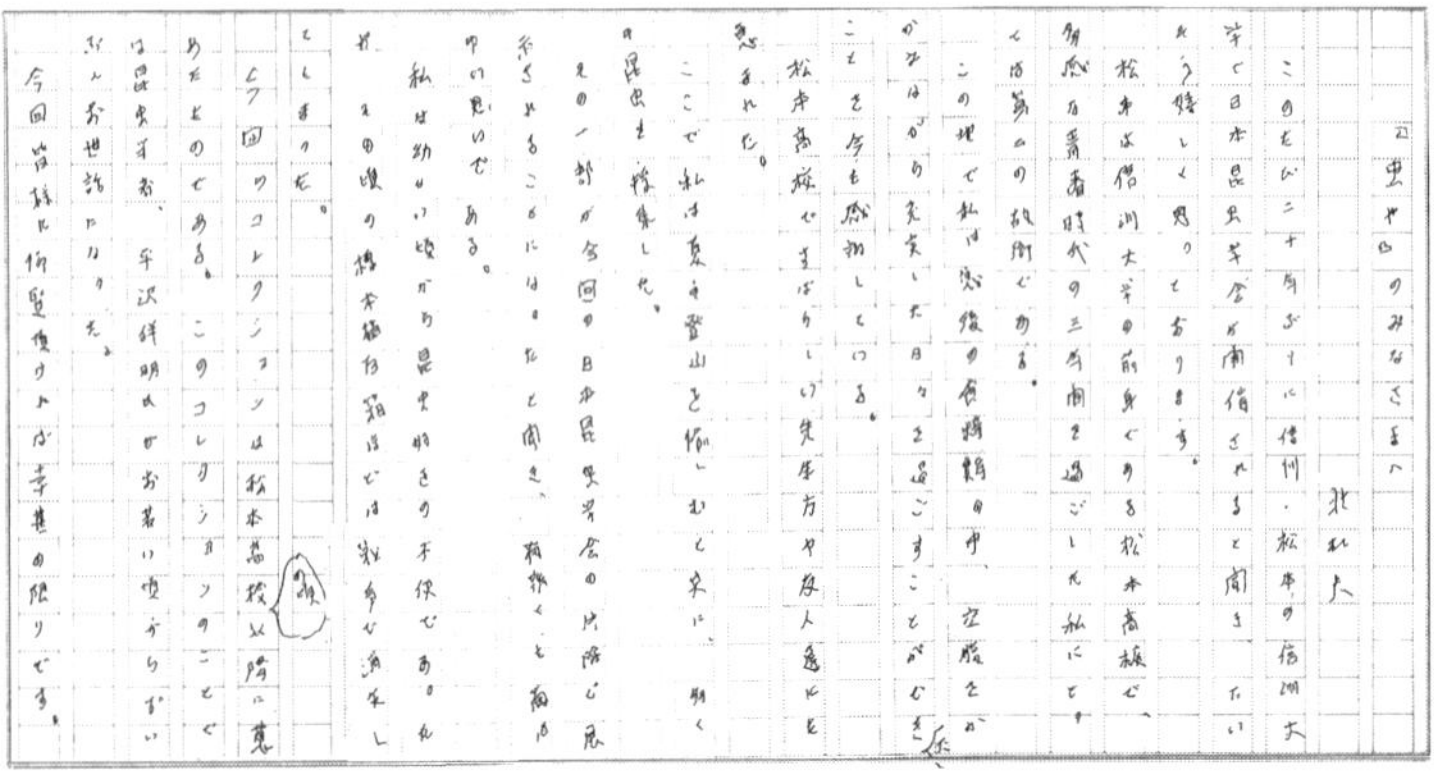

「虫や」のみなさまへ

北杜夫

このたび二十年ぶりに信州・松本の信州大学で日本昆虫学会が開催されると聞き、たいそう嬉しく思っております。

松本は信州大学の前身である松本高校で、多感な青春時代の三年間を過ごした私にとっては第二の故郷である。

この地で私は戦後の食糧難の中、空腹をかかえながら充実した日々を過ごすことができたことを今も感謝している。

松本高校ですばらしい先生方や友人達にも恵まれた。

ここで私は夏の登山を愉しむと共に、多くの昆虫を採集した。

その一部が今回の日本昆虫学会の展示で展示されることになったと聞き、[illegible]中の思いである。

私は幼い頃から昆虫好きの子供であった。その頃の標本箱類などは戦争で消失してしまった。

今回のコレクションは松本高校以降に蒐めたものである。このコレクションのことでは昆虫学者、平沢伴明氏がお若い頃からずいぶんお世話になった。

今回皆様に御覧頂けるのは幸甚の限りです。

２０１１年９月１７日　第７１回日本昆虫学会 松本大会の開催に際し、北さんが大会実行委員会に宛てたメッセージの直筆文。総会の席上、日本昆虫協会岡田副会長が代読した。夜の懇親会でもこのメッセージは披露され、返礼として実行委員会長から感謝状が北さんへ贈られた。現在、この直筆文は信州大学（旧制松本高校）学長室にあるという。メッセージとしては最後のものである。

『虫や』のみなさまへ

北　杜夫

このたび二十年ぶりに信州・松本の信州大学で日本昆虫学会が開催されると聞き、たいそう嬉しく思っております。

松本は信州大学の前身である松本高校で、多感な青春時代の三年間を過ごした私にとっては第二の故郷である。

この地で私は戦後の食糧難の中、空腹をかかえながら充実した日々を過ごすことができたことを今も感謝している。

松本高校ですばらしい先生方や友人達にも恵まれた。

ここで私は夏の登山を愉しむと共に、多くの昆虫を採集した。

その一部が今回の日本昆虫学会の片隅で展示されることになったと聞き、有難くも面はゆい思いである。

私は幼い頃から昆虫好きの子供であったが、その頃の標本箱百箱ほどは戦争で消失してしまった。

今回のコレクションは松本高校の頃以降に蒐めたものである。このコレクションのことでは昆虫学者、平沢伴明氏がお若い頃からずいぶんお世話になった。

今回皆様に御覧頂ければ幸甚の限りです。

続いて、北杜夫と長年交友のあったコガネムシ研究家平沢伴明氏が、西表島で発見したコガネムシの新種に、学名「ユーマラデラ　キタモリオイ」和名「マンボウビロウドコガネ」と命名し、敬愛する北杜夫の名前を昆虫学の歴史に刻むことができた喜びを発表された。懇親会のときに、学会から北さんへの感謝状が披露され、その額を新部氏が代理で受け取った。

そして二〇一一年十月一日から二か月間、軽井沢高原文庫で「ヘルマン・ヘッセ&どくとるマンボウ昆虫展」*が開催された。この初日、北杜夫、斎藤由香、新部公亮、小林準治四氏のトークショウがあり、お元気そうな北さんが、長時間、虫に関する思い出を楽しそうに語られた。小林準治さんは、北さんが愛読し尊敬していた漫画家手塚治虫のお弟子さんで、「昆蟲通信」という情報誌を千号近く出しておられる虫屋で、北さんを尊敬しておられることを知っていたの

日本昆虫学会の感謝状を読む

で、私がお願いしてトークショウに出ていただいた。トークショウの最後に、小林さんはホワイトボードにお得意のイラストをたくさん描いて、北さんや出席者を喜ばせてくれた。

トークショウのあと、日本昆虫学会からの感謝状を私が代読、続いて平沢伴明氏による「新種（マンボウビロウドコガネ）献名の辞」が紹介され、その額がともに北さんに贈呈された。北さんはテレながらも大変喜んでくださった。そのあと、北杜夫の著書を手に持った来場者が、サインを求めて長蛇の列をつくった。北さんの隣に由香さんがすわって、お名前を聞いて紙に書き、間違えないようにそれを見ながら北さんは丁寧に署名をしておられた。すべてがすんでから、私を含めてこの日の関係者六名が北さんご一家に招待されて、夕食を御馳走になった。私は飲み物にビールを注文して、おいしくいただいたが、非常に恥ずかしい、申し訳ない思いがした。ビールを飲んだのは私だけで、ほかの方々はアルコールを飲まないか、運転のために飲めない方ばかりで、肝心の北さんも、紅茶を飲みながら、細かく切ったステーキを食べておられたからである。

二〇〇八年、NHKの「週刊ブックレビュー」の司会をしていた児玉清さんが元気な頃、「NHK・BSの企画『私の1冊日本の100冊』に何か一冊選んで書いてくれないか」と頼まれたことがある。私は迷わず、北杜夫『どくとるマンボウ昆虫記』を選んだ。この作品こそ、数あるマンボウシリーズの、いや、北文学の中心に置かれるべき作品だと思ったからである。『航海記』が、『青春記』が、『幽霊』が、『楡家の人びと』があるではないか、と言われるかもしれない。しかし、私はあえて『昆虫記』を挙げた。北文学の人間や自然の描写は、すべて昆虫の観察や採集の体験が生かされていると思えたからである。

北杜夫は少年時代熱烈な昆虫採集家であった。しかし、中学時代に、一〇〇箱もの標本箱をすべて空襲で焼失してしまう。昭和二十年に、昆虫学者を夢見て旧制松本高校に入学し、猛烈な勢いで昆虫採集を再開して、わずか三年間で六〇〇種、一七〇〇頭を採集する。が、父斎藤茂吉の反対でこの道を断念せざるを得ず、医学の道に進む。『昆虫記』にはこれらの思いがすべて込められている。

昆虫は地球上で最も繁栄した生物である。『昆虫記』には宝石のように美しい虫や、驚くべき生態をもった虫や、昆虫と人間の関係などが二十章にわたってユーモアあふれる美しい文章で書かれている。どの章も素晴らしく、読むたびに感嘆する。この書は文学と昆虫の架け橋となるだけでなく、虫嫌いな人と、さまざまな誤解を受けている虫好きな人、いわゆる「虫屋」との架け橋にもなっている。

あらさがしの好きな虫屋が読んでも、五十年前に書かれたことを勘案すれば、文句のつけようのない名著である。昆虫の選び方、人間との関わりをこれほどうまく書くことは、世界のどんな作家にも、昆虫学者にもできないと思う。私はこの本が翻訳されて海外に紹介されないものかと願っている。この本に出てくる昆虫の名前が万国共通の学名で書かれて翻訳されたら、世界の人は驚嘆し、この本は日本で最も有名な書の一冊になるであろう。

この内容は、NHK-BSで放映され、のちにGakkenから『NHK 私の1冊日本の100』として出版された。

二〇一二年六月にようやく刊行された宮沢輝夫編著『大人になった虫とり少年』(朝日出版社)には十二名の著名人のインタビュー記事がまとめられており、北さんの「どくとるマンボウが全国の虫やに〝遺言〟」が収められている。北さんはこの書の出版を楽しみにしておられた。それは充分間に合って、ご覧いただけるはずであった。この書の内容は、YOMIURI ONLINEに、写真や版画などすべてカラーで掲載されており、パソコンで見ることができ

北杜夫

た。したがって、原稿はすべてデータがそろっていたわけで、最初は二〇一一年の九月に出版できる予定だったからである。それがこの書の担当編集者の体調不良のために遅れに遅れて、ついに間に合わなくなってしまった。担当編集者はこの本の完成後まもなく亡くなられた。編著者宮沢さんと出版社のあいだに立った私はご関係の皆様に本当に申し訳ないと思っている。

　最晩年の北さんは、昆虫少年に戻られたようで、きっと幸せだったに違いない。二十年間マスコミからの取材を断っていたという北さんが、虫屋からの取材、ＮＨＫ斎藤基樹氏の「どくとるマンボウ昆虫展」の取材や、宮沢輝夫氏の前述の本に関する取材に快く応じてくださったことをみても、これはうなずけるであろう。麻布中学時代の昆虫の先輩橋本碩さんに会えたことも大きな喜びであったと思われる。

公明新聞　2011年（平成23年）11月11日（金曜日）

追悼―昆虫愛好家としての北杜夫

東洋大学名誉教授　岡田　朝雄

一九五九年「新潮」二月号に発表された北杜夫の『谿間にて』を読んで、私はすっかり北杜夫ファンになった。世界で六頭しか採集されていない台湾の珍蝶フトオアゲハの採集譚である。この作品はその年の芥川賞候補の筆頭に挙げられたが、受賞には至らなかった。翌年、『夜と霧の隅で』が芥川賞を受賞したこと、そしてその二年前に刊行された『どくとるマンボウ航海記』が大ベストセラーとなったことは周知の事実である。

一九六一年の『どくとるマンボウ昆虫記』は、数あるマンボウシリーズと一線を画する作品である。熱烈な昆虫少年であった北さんは、中学生時代、百箱近い標本をすべて空襲で焼失してしまう。終戦の年、旧制松本高校入学直前に採集を再開し、わずか三年間で、約六百種、千六百五十頭の昆虫を採集する。昆虫学者になりたいという強い希望があったが、父親の反対で断念したという。このような体験や思いがこの作品に込められている。

世界中の文学者でこの著者ほど昆虫全般に詳しい人を私は知らない。読むたびに私は驚嘆し、このユーモアにあふれた素晴らしい書が翻訳され、海外に紹介されないものかと願っている。NHK-BSの『私の一冊、日本の百冊』に私はこの本を選んだ。

三年前、この書を具現化した『どくとるマンボウ昆虫展』を、著者から私が許諾を得て、新部公亮氏（栃木県庁職員）と企画・製作した。この昆虫展は、『昆虫記』に出てくる一八三種の昆虫標本と関連の文章を展示したもので、北さんご自身が六十数年前に採集したデータ付きの貴重な標本も多数含まれている。ご覧になった北さんも、「昆虫は宝石でした」「われながら、あの食糧難の時代によく山野を歩きこれだけの昆虫を集めたものだ」と感慨深げだった。

この展覧会はこれまでに一都九県十八会場で開催され、そのうちの四回、北さんとお嬢さんの斎藤由香さんが来場され、お話をしてくださった。

この展覧会は今年の九月、信州大学で日本昆虫学会が開催された期間にも公開され、思い出の地で専門家に見ていただける喜びを語った「虫やのみなさまへ」という北さんのメッセージを私が代読した。また、コガネムシ好きな北さんと長年親交のあったコガネムシ研究家平沢伴明氏が、西表島で発見されたコガネムシの新種に「マンボウビロウドコガネ」という和名、「ユーマラデラ　キタモリオイ」という学名を付けたことを発表され、敬愛する北さんの名前を、昆虫学の歴史に刻むことができた喜びを語った。

昆虫と家族に囲まれた北杜夫氏＝08年10月、長野・松本市で（筆者撮影）

コガネムシ好きで―新種に名を残す―

和名「マンボウビロウドコガネ」
学名「ユーマラデラ　キタモリオイ」

軽井沢高原文庫で十月一日から十一月三十日まで『ヘルマン・ヘッセ＆どくとるマンボウ昆虫展』が開催されている。この初日、北杜夫、斎藤由香、新部公亮、小林準治（手塚プロ・アニメーター）四氏のトークショーがあり、お元気そうな北さんが、長時間、虫に関する思い出を楽しそうに語られた。また日本昆虫学会からの感謝状（筆者代読）と平沢氏による「新種献名の辞」が紹介され、ともに北さんに贈呈された。喜んでくださった。

まもなく刊行される読売新聞社の宮沢輝夫編著『大人になった虫捕り少年』（朝日出版社）がご覧いただけなくて残念である。この書には十二名の著名人のインタビュー記事がまとめられており、北さんの『どくとるマンボウが全国の虫屋に"遺言"』が収められている。

◇

おかだ・あさお　一九三五年東京生まれ。東洋大学名誉教授、日本昆虫協会副会長、ドイツ文学者。著書に『ドイツ文学案内』『楽しい昆虫採集』（ともに共著）。翻訳書にヘッセ『庭仕事の愉しみ』、シュナック『蝶の生活』など多数。

北さんは二〇一一年十月二十四日に病院で亡くなられた。この訃報は二十六日のテレビや新聞で大きく報道された。十月一日のときにあんなにお元気だっただけに、ショックだった。あの日のお疲れが影響したのではないかと心配であったが、その影響はなかったようだ。斎藤由香さんが「週刊新潮」に連載されていたエッセイに、亡くなる前にも何度かお元気にお出かけされていたことが書かれていたからだ。

「昆虫愛好家としての北杜夫」というタイトルの追悼文を私は公明新聞社から依頼された。この記事は十一月十一日の「公明新聞」に掲載された。この年、東日本が未曾有の天災・人災に見舞われ、五月には親友児玉清を失い、十月には最も敬愛する作家北杜夫を失って、辛く悲しい思いをした。私は、喪に服したいという思いを強く感じるとともに、自分にも身辺整理をする時期が来たことを自覚して、毎年五百通以上出していた年賀状を、勝手ながら最後にさせていただくという通知を出した。

＊「ヘルマン・ヘッセ&どくとるマンボウ昆虫展」＝「どくとるマンボウ昆虫展」の姉妹編として、新部氏と私とで、「ヘルマン・ヘッセ昆虫展」を企画製作し、公開した。これは、『少年の日の思い出』を中心に、拙訳のヘルマン・ヘッセ『蝶』を、ヘッセの文と解説文とともに標本や絵を展示したものである。この展覧会も好評で、すでに大阪自然史博物館をはじめ、一都一府十二県三十三会場で公開された。この同じ展示物をドイツのヘッセ記念館に寄贈し、それがドイツに二か所、スイスに一か所あるヘッセ記念館でも公開されて、好評であった。十月一日、軽井沢高原文庫では、この両展が同時に公開された。

二〇一六年九月九日

本稿は、同人誌「未定」二十一号に掲載されたものに若干加筆したものである。

第二部　ヘルマン・ヘッセ

何ものにも屈服せずに生き抜いたヘッセ

ヘッセ・ブーム

戦前・戦後の外国文学ブームの時期に、ドイツの作家の中でヘッセほどわが国の読者に愛された人はいない。特に自然や青春を扱った初期の作品は、若い世代に圧倒的な人気があった。これはヘッセが、自我と周囲との相克に悩む若い人びとの最もよい理解者であり、代弁者だからであろう。生涯にわたって、自己内面の二元性および自我と世界との相克にあえぎながら、その調和を求めて苦闘しつづけた彼の文学は、彼の人生の歩みとともに発展・円熟し、その各年代・各時期における最も切実な問題を提示して、読む者の心を打つ。彼はまた、カフカ、ムーズィル、ヴァイス等の才能を誰よりも早く認めた批評家でもあり、西欧の文化や思想はもとよりのこと、深遠な東洋の哲学にも精通した大文化人であった。

ヘルマン・ヘッセの著作の出版部数は、世界中で現在（一九九八年）までに八千万部を超えたそうで、この数字はおそらく二十世紀の著作家の中では群を抜いて第一位ではないだろうか。

ドイツのズーアカンプ書店からは、現在数種類の全集・選集のほかに、実に百三十点を超えるヘッセの作品やヘッセ関係の図書が単行本として出版されており、なかでもとくにフォルカー・ミヒェルス編集のテーマ別詩文集が好調な売れ行きを示している。

わが国では、昭和十年代に最初のヘッセ・ブームがあった。岩波文庫に収録された作品や三笠書房『ヘルマン・ヘッセ全集』がその中心であった。

そして第二の、最大のブームは、昭和二十年代後半から五十年代にかけての時期で、新潮社『ヘルマン・ヘッセ全集』、三笠書房『ヘルマン・ヘッセ全集』、人文書房『ヘルマン・ヘッセ著作集』をはじめ、新潮文庫、岩波文庫、角川文庫に収録された作品や、各社の『世界文学全集』の中のヘッセの巻などがよく読まれた。

最近では、フォルカー・ミヒェルス編のヘッセ詩文集数冊が翻訳紹介され、『人は成熟するにつれて若くなる』『庭仕事の愉しみ』（草思社）などが往年の文学者の作品としては久々にベストセラーにランクされたのをはじめ、書簡集『ヘッセからの手紙』『魂の手紙』（毎日新聞社）やヘッセ関係図書『ヘルマン・ヘッセ　人生の深き味わい』（KKベストセラーズ）『ヘルマン・ヘッセと日本人』（角川書店）『素顔のヘルマン・ヘッセ』（エディションQ）なども好評で、今、第三のヘッセ・ブームを迎えたと言われている。

昨年、一九九七年には短期間であったが、ヘッセ原作の映画『ステッペン・ウルフ』(『荒野の狼』)や『シッダールタ』(ともにアメリカ映画)も公開され、テレビでもNHK製作のヘッセの特集番組が二編放映された。「ヘッセ水彩画展」も好評を博し、今年も新たな水彩画展が開かれている。

二十世紀が終わろうとする今、同じ時代を真剣に生きて、幾多の危機を克服したヘッセの全貌がようやく見えはじめ、わが国でも彼の後半期の作品がやっと正当に評価される時が来たように思われる。

ヘッセの人間的魅力

文学者を、その作品に自己の影をとどめなかったシェイクスピア・タイプと、その作品が自己の体験と密接に関わりあうゲーテ・タイプに分けるとすれば、ヘッセは典型的なゲーテ・タイプで、一篇の詩にいたるまで実際の体験から生まれている。そしてヘッセは、はるか昔の人ではなく、私たちの祖父くらいの年代にあたり、優等生タイプでも、聖人君子でもないので、非常に身近な感じがする。

ヘッセは自分の心に忠実に生きようとし、八十五歳の生涯にわたってそれを貫き通した人である。これは生易しい道ではなく、衝突と反抗と自己分裂の連続であった。

少年時代は、親にも、学校の教育にも徹底的に反抗した。ふるさとの町から二人しか合格しなかったという難しい州試験に合格し、期待を背負って入った名門マウルブロン神学校でも、寄宿舎からの脱走事件を起こして、一年足らずで退学してしまう。転校した学校もすぐに退学、ヘッセは高等学校も卒業していないのである。

その後は書店員の見習い、機械工の見習い、父の手伝い等、何をやってもうまく行かない。これは一見、反抗期の強情な若者が身勝手なわがままを通そうとしているように見えるかもしれないが、そうではない。ヘッセは十三歳の時から、

「詩人になるか、そうでなければ何ものにもなりたくない」

と思っていたのである。

手を焼いた両親が十五歳のヘッセを一時精神療養所に入れたことがある。

ヘッセは、

「ぼくは今も、これから先も屈服しません。……パパとママはキリスト教徒です。そしてぼくは、ひとりの人間です。ぼくに手紙をくださるつもりなら、どうかもう二度とあなた方のキリストを持ち出さないでください」

と両親に書き送る。

「今もこれから先も屈服しない」――この思いは、この時だけでなく、対象こそさまざまに変わるけれども、生涯にわたって続くのである。しかも、手抜きも妥協もしない徹底ぶりには驚

くばかりである。

ほんの一例をあげれば、第一次世界大戦のときに、敵国の文化や芸術まで否定して愛国心をあおる芸術家や学者をいさめる論説を書いて、ヘッセはドイツ各地の新聞から避難・弾劾され、ジャーナリズムからボイコットされたことがある。このときヘッセは二度と母国ドイツに住まぬ決意をして、スイスに市民権をとり、生涯絶対平和主義の志操を貫き通した。

もちろんヘッセは外に対してだけ厳しかったわけではない。第一次世界大戦中、戦時奉仕の激務や家庭内の不幸等のためにひどい神経障害にかかったヘッセは、精神分析を受ける。この頃からヘッセは自分の苦しみの責任を自分の外部にではなく、自分の内部に求めるようになる。そして

「自分の悩みと罪を認識し、最後まで悩みぬき、その罪を他人に求めることをやめれば、いつでも罪を脱することができる」

ことを悟る。

『デーミアン』以降の作品はこうした経験を経て生まれたのである。

ヘッセはたしかに規則や束縛を嫌い、自由とわがままを愛したが、反面、自分には厳しく、信じられないほど勤勉な努力家であった。詩人として、作家として、評論家として勤勉に仕事をし、常に内面の充実を図り、自己を高める努力を怠らなかった。読書家としても並外れており、三千点もの書評を書いた。手紙は三万五千通も書いたといわれ、趣味の水彩画も三千点も

残し、庭仕事は身体が動かなくなるまで続けたという。
ノーベル賞、ゲーテ賞、西ドイツ平和功労賞など晩年の栄誉と並んで、世界中の愛読者からの手紙が毎年千通を超えたという事実が、何よりもヘッセの人間的魅力を語っている。

自然への愛と東洋思想

ヘッセは幼い頃から動物や植物や山や川や雲や太陽を愛した。いろいろな趣味の中でも特に蝶の採集と魚釣りに熱中して、これを通してますます深く自然のすばらしさを知った。人間も自然の動物や植物と同じ一生物にすぎないと考えるようになったヘッセは、自然は征服すべきもの、もっぱら人間のために利用すべきものという西欧的な考えにはついてゆけない。出世作『ペーター・カーメンツィント』(『青春彷徨』『郷愁』)はすばらしい自然讃歌であり、西欧的な人間中心の物質文明や、度を越した自然破壊を伴う科学・経済の発展に対する批判の書である。

ヘッセが東洋思想に親しみをもったのは、もちろんインドと深い関係のあった祖父母や両親、中国や日本の禅仏教を研究していた従弟とも無関係ではないけれど、それ以上にヘッセの自然観や人生観が、インドや中国や日本の思想に近く、自然に結びついたと私は考えたい。そしてこれは、私にとっては、ヘッセのすべてのものの考え方に素直にうなずくことができる大きな要素になっている。

ヘッセは、対極的なものの中に良いものがあればそれを認めた。そして、キリスト教の「愛」を中心に置いて、中国の「道」、インドの「梵我一如」(tat tvam asi) を融合させて、聖書の「汝自身を愛する如く、隣人を愛せ！」を「隣人を愛せ、隣人は汝自身なればなり！」と修正し、これがすべての幸せのもとであると確信するにいたった。

「文」五十三号（知性社 一九九八年）掲載の「何ものにも屈服せず自分の心に忠実に生きた生涯」を加筆修正した。

なぜ、いまヘッセか

六月下旬刊行のヘルマン・ヘッセの詩文集『庭仕事の愉しみ』（草思社）が好評で、七月には大型書店でベストセラーにランクされ、最近も週刊誌で「ビジネスマンが突然憑かれた『宮沢賢治』『ヘッセ』って何だ」（週刊ポスト）「ヘッセ『庭仕事の愉しみ』は六十歳のバイブル」（週刊朝日）などと特集された。文学が低調な時期に、この地味な本がこれほど評判を呼んで一種の社会現象になろうとは、訳者である私自身、夢にも思わなかった。

瞑想のひととき

本書は、ヘッセの本に関して現在最も詳しいフォルカー・ミヒェルスによって編まれた『庭』をテーマとする詩文集で、エッセー十二編、詩二十七編、叙事詩、小説、童話、日記、手紙などが収められており、そのほとんどが本邦初紹介のものである。

雨の日以外は午前中を庭で過ごしたというヘッセが、花づくり、野菜づくり、草むしり、焚き火などの庭仕事を通して、樹木や草花への愛や、「一区画の土地に責任をもつ」ことの歓びと愉しみを語ったものである。友人宛の手紙にヘッセはこう書いている。

「庭仕事は私をとても疲れさせ、少しきつすぎますが、これは、当今人間が行い、感じ、考え、話すすべてのことの中で最も快適なことです」「土と植物を相手にする仕事は、瞑想するのと同じように、魂を解放し、休養させてくれます」

共感を呼ぶ晩年の姿

この十年来、私はV・ミヒェルス編のテーマ別詩文集を訳しており、本書は『蝶』『色彩の魔術』『人は成熟するにつれて若くなる』に次ぐ四冊目である。園芸ブーム、庭ブームと言われている時期に出たが、これは幸運な偶然である。昨年の『人は成熟するにつれて若くなる』がベストセラーになったのも、「老いと死」をテーマとする書が求められていた時期に出たことが幸いしたと思う。

日本が世界の長寿国となり、生涯学習の必要性が叫ばれ、充実した老年の生き方が問われているとき、この両書がその要求に応えるものであったのかもしれない。

しかし、それ以上に大きな理由はやはり晩年のヘッセの魅力であろう。出版社には数百通の読書カードが寄せられており、それによれば、特に五十歳以上の方々の中には、若い頃ヘッセの作品を愛読した懐かしさから本書を手に取ったという人が多く、晩年のヘッセに眼からうろこが落ちるほど感激したり、共感したり、慰めや励ましを得たことを感謝をこめて綴っている。

四十代、三十代、二十代と若くなるにつれて、初めてヘッセを読むという人も増えてくる。都会の生活やサラリーマン生活では味わえぬ土いじりの素晴らしさにあこがれる人、ヘッセの深い自然愛や、自然を無視して狂奔する人間への警告を読み取る人、また日常生活では得られなかった安らぎと潤いを得たという人などさまざまである。

自然の中の人間

ヘッセは東西の宗教や思想に通暁し、あらゆる両極的な対立を克服して、そのどちら側からも見ることのできたヨーロッパでは極めて稀な思想家である。人間も動植物と同じ自然の一部と見るヘッセは、「自然は征服すべきもの、もっぱら人間のために利用すべきもの」というヨーロッパ的な人間中心の思い上がった考えと、それに基づく物質文明や度を超した自然破壊を伴う科学・経済の発展を一貫して批判し続けた。

このようなヘッセが不気味な存在と見られるのか、ドイツではヘッセはいつも誤解され、あまり人気がなかった。逆に日本では、「甘い青春文学の作家」などと誤解されたこともなくはなかったが、いつも強い共感をもって迎えられた。ヘッセの汎神論的自然観と「質素・素朴」を最上とする人生観が、そのままわが国の伝統的な精神文化と結びつくためであろう。

特に晩年のヘッセのエッセーには、自然の中の自分、宇宙の中の人間を考えた彼の思想が随所に表れている。これからはこのような自然と一体になった思想に基づかなければ、いかなる哲学もいかなる進歩も人間の福音とはならず、価値を失うのではないだろうか。自然破壊や飽食や過度の贅沢が問題になっている現在、ヘッセの思想はますます輝きを放つであろう。

人間はさんざん自然破壊をくり返してきてようやく自然の大切さに気づき、「自然保護」などと言いはじめたけれど、結局は金もうけのための大規模な自然破壊は一向に止む気配がない。子供たちや若い人たちの「自然離れ」をそのままにしておく限り、この傾向は押し止めることはできないであろう。

しかし、佐賀市の一読者からの便りは頼もしいかぎりである。

「三人の孫からバースデープレゼントされ、最高に嬉しい。私は六十五歳になって益々、庭仕事が唯一の愉しみとなった壮健人である。若かりし頃の『車輪の下』は、今この『庭仕事の愉しみ』として贈られ、ヘルマン・ヘッセが孫たちに受けつがれることを心嬉しく思う」

産経新聞　一九九六年十月四日　夕刊

ヘルマン・ヘッセと蝶

ヘルマン・ヘッセは幼い頃から動物や植物が好きで、中でも蝶には心ひかれ、蝶の採集は四、五歳頃からはじめたようである。当時ヘッセ一家は、伝道師である父の仕事の関係で、スイスのバーゼル郊外に転居していた。家の裏手から広大な牧場が広がっており、そこには美しい野草が咲き乱れ、キアゲハ、ヨーロッパタイマイ、ヤマキチョウ、ヒメアカタテハ、アタランタアカタテハ、コムラサキ、キベリタテハなどの美しい蝶が飛びまわっていた。

この光景は、「両親の面影よりも早く」心に刻まれ、その思い出は「どんな人間の顔や、耐え忍んだ運命の思い出よりもなつかしい」ものであった。特にアポロウスバシロチョウを見たときの感激はこう書かれている。

「その蝶は私の方に飛んできて、すぐそばの地面にとまり、雪花石膏《アラバスター》のようなあのすばらしい羽をゆっくりと動かした。それで私はその羽の繊細な模様や丸み、きらめくダイヤモンドのような翅脈を、そして双方の羽の鮮血のように真っ赤な二つの斑紋をみることができた。遠い日の思い出の中でも、この光景を見たときに私を貫いた、息づまるような、胸もときめく歓喜ほど強烈に、そして鮮明に私の記憶に残っているものはない」

ヘッセは一九一一年三十四歳のとき『クジャクヤママユ』という短編を書いた。これを彼の実際の体験報告として読めば、蝶の採集の情熱は十歳から十二歳頃に最高潮に達し、少年は、ほかのことをすべてなおざりにするほどこの趣味に心を奪われてしまう。

「蝶の採集に出かけると、学校へ行く時間だろうが、昼食の時間だろうが、もうまったく塔の時計が鳴るのが耳に入らなかった。休暇のときなどは、ひときれのパンを植物採集用の胴乱に入れて、朝早くから夜になるまで、一度も食事にも帰らず、外を飛びまわっていることがたびたびあった」

そして美しい蝶を見ると、「何とも表現しようのない、むさぼるような恍惚状態」におそわれ、「捕まえるよろこびに息もつまりそうに」なり、大人になってからはめったに感じたことのない「繊細なよろこびと、荒々しい欲望の入りまじった気持」を感じるのであった。

しかしこのすばらしい趣味も、ほどなく悲しい結末を迎えることになる。クラスの優等生がもっていたクジャクヤママユ——それは図鑑に載っているすべての蝶や蛾の中で最も欲しいと思っていたものであった——の標本を少年は発作的に盗んでしまう。そのときは罪の意識などはまったくなく、とほうもない満足感しか感じなかった。

我に返った少年は、自分のしたことに愕然として、標本を返しに行こうとするが、発覚を惧れてとっさにポケットに入れたために、標本は無残に壊れてしまっている。盗みを犯したこと以上に、美しい標本を壊してしまったことが少年にはつらかった。

少年は謝りに行く。が、

「自分の標本と玩具を全部あげるから」

と言っても、優等生は冷ややかな軽蔑のまなざしで見つめるだけで、許してはくれなかった。家に帰った少年は、暗がりの中で自分の蝶のコレクションをすべて粉々に壊してしまう――

この作品をヘッセは、二十年後に全体に手を加えて、改題して新聞に発表した。これが一九四七年にわが国の『中学国語』の教科書に掲載され、以来現在まで五十年間も中学生に読まれ続けている『少年の日の思い出』(高橋健二訳)である。

作品の冒頭のところに、

「子供ができてから、自分の子供の頃のいろいろな趣味がまたよみがえってきてね。一年ほど前からまた蝶のコレクションをはじめたんだよ」

と訪ねてきた友人に蝶の標本を見せるところがあるが、ヘッセは、実はその数年前から蝶の採集を再開したようである。そして子供の頃にもおとらぬ情熱を傾けて蝶の採集とコレクションに打ち込むことになる。

まずその年の九月から年末にかけて、ヘッセは東南アジアへ旅行する。この旅行の動機について、研究者たちは、インドへのあこがれ、ヨーロッパと家庭からの逃走、生来の放浪好きなどを挙げているが、私はそこに「熱帯の蝶の採集」を加えたい。しかもこれが第一の動機であったと確信している。蝶の魅力にとりつかれた人は、蝶の採集だけが目的で世界の果てまで出かけて行くものである。この旅行の壮行会にヘッセに贈られたオットー・ブリューメルの影絵には、椰子の木の下で現地民にまじって捕虫網をかついだヘッセが描かれている。

また旅行中ヘッセは、マレー半島やセイロン島で何度も蝶の採集を行い、標本商から標本を買ったり、シンガポールではたびたび博物館へ蝶の標本を見に行ったりしている。

旅行から帰ってからも、標本作りに励み、同好者と標本の交換をし、息子たちとボーデン湖畔やベルン郊外で採集をしている。

一九一三年の暮れに、ヘッセは姉のアデーレに宛てて、

「蝶の採集と魚釣りは私の人生の二つの大きな愉しみでした。そのほかのことは私にはあまり大切ではありませんでした」

と書いている。

しかし、これほど熱中した趣味に完全に終止符が打たれる時がくる。一九一四年、第一次世界大戦の勃発である。その二年前からスイスに住んでいたヘッセは、ベルンのドイツ領事館に申し出て徴兵監査を受けるが、強度の近視のため、猶予される。それでヘッセは、趣味はもちろん、自分の仕事も返上して戦争捕虜援助の仕事を献身的に行うことになる。

蝶の採集やコレクションはやめたけれど、ヘッセは蝶に対する興味を失ったわけではない。

アポロウスバシロチョウやクジャクヤママユや東南アジアの蝶など思い出深い標本は書斎に飾られていたし、プレゼントされたニシキオオツバメガについてすばらしい文章が書かれ、標本も大切に保管された。また「ある詩集への献辞」「晩夏の蝶」「晩夏」「砂に書いたもの」「三月の太陽」「晩秋の旅人」など多くの詩に、蝶が自然美の象徴として、はかないものの象徴、永遠に持続するものの象徴としてうたわれている。晩年のエッセイにも、美しい蝶や珍しい蝶を見たことがしばしば書かれている。

一九三六年に刊行されたアドルフ・ポルトマンの『蝶の美』という写真集にヘッセは「蝶について」という文を寄せている。これは非常に多忙な時に、何の準備もなく、わずか二、三時間で書かれたという。

しかしここにはヘッセの蝶や蝶の採集に対する考えが述べられている。そして六十年前に書かれたこの文が、まさに現在私たちが直面している教育問題、環境問題など重要な問題の本質を衝いているのはさすがである。

要約して紹介すれば、

「驚嘆するために私は存在する！」

というゲーテの詩句を引用して、自然物に驚嘆し、自然に引きつけられることがいかにすばらしいことであるかを説き、

「人間を叡智へと導く方法は、最も単純な子供らしい方法、自然のものに目を見はり、自然の

発する言葉に予感に満ちて耳を傾けることだ」

と述べ、大学教育について、

「大学では叡智へ到達する最も簡単な方法の初歩さえも教えられていない。大学では驚異の念を持つことのかわりに、その逆のこと、計算と測定が教えられ、全体と個との接近のかわりに、ばらばらに引き離された個々の存在にしがみつくことが教えられている」

と指摘し、大学教育では教えることのできるものよりも、感動とか、ゲーテ的な驚きなどを体験できることの方が大切であると説いている。これはそのまま現在の大学教育批判になっている。

また昆虫採集についてこう述べている。

採集家ができるだけ美しく、できるだけ長く保存するために蝶を殺し、針を刺し、標本にすることは、ルソーの時代から残忍で野蛮なことだとみなされているが、それはセンチメンタルな見方で、ほとんどナンセンスである。蝶の採集家にも相当粗野な人たちがいるけれど、その人たちでさえもいろいろと貢献している。人びとが蝶を忘れないことにも、蝶がまだ生存していることにも貢献している。採集のよろこびは、ただ採集することだけでなく、それに劣らず保護することを学び、それを実行するところまで行きつくからだ。また、ある地方の生態系への暴力的な開発によって、蝶の数が急速に減ってしまうことに最初に気づくのも採集家たちである。真の蝶の愛好家は、幼虫や蛹や卵を大切に扱うだけでなく、自分の周囲で可能なかぎり多くの種類の蝶が生きていけるようにするために努力している。蝶は「ゲーテ的驚き」の最も効果的な対象である。その驚きこそ認識の第一歩であり、同時に畏敬の念をおぼえる第一段階である。

これにはまったく同感である。ヘッセと同じように私も「少年たちの中からくり返しくり返し蝶の愛好家や採集家が生まれてくる」ことを、願わずにはいられない。

私は機会あって、ヘッセの詩文集『蝶』を訳した（朝日出版社、のちに岩波同時代ライブラリー）。昆虫を趣味とする私には楽しい仕事であった。ところが、これに引き続いてヘッセ趣味の三部作とでもいおうか、『色彩の魔術』（岩波同時代ライブラリー）『庭仕事の愉しみ』（草思社）を翻訳することになった。これらを訳しながら、蝶の採集、水彩画、庭仕事という趣味に没頭するヘッセの姿をかいま見て非常に興味深い思いをしたものである。この三冊はいずれもヘッセの著作に詳しいフォルカー・ミヒェルスによって編まれたものである。

岩波書店「図書」一九九六年十二月号

『シッダールタ』映画と原作

ヘルマン・ヘッセの中期の代表作、インドの詩『シッダールタ』の映画がこの秋（一九九七年）初公開されるという。初公開といっても新作ではなく、四半世紀も前の作品で、七二年度のヴェネツィア映画祭で銀獅子賞を受賞したのに、製作・監督・脚本を担当したコンラッド・ルークスとともに、長いあいだその行方がわからず、「幻の映画」といわれていたものだという。ここ二、三年ヘッセ晩年の詩文集がベストセラーとなり、三度目のヘッセ・ブームといわれている時期に公開されるのは、まことに意義深いことである。早速ビデオで拝見したが、実にすばらしい映画である。

この映画がつくられたころまでに、ヘッセの著作は五千万部も版を重ねて世界中に流布し、特にアメリカ合衆国と日本では、二十世紀のヨーロッパ作家の作品中、出版部数で群を抜いて第一位になった。

アメリカでは『シッダールタ』が三百万部、『荒野の狼』（ステッペン・ウルフ）が二百万部に達したのをはじめ、ヘッセの作品はわずか数年間で八百万部も売れたという。しかもこれらの作品は書下ろしのベストセラーではなく、発表後五十年もたって翻訳されたものであるから、異例のことといわねばならない。

この背景には、ベトナム戦争があり、ビート族・ピッピー族など、既存の文化や習慣や制度に背を向け、ビート音楽やドラッグや東洋思想に興味をもち、反戦、反体制、自然への回帰などを主張する若者たちの台頭があった。ヘッセの作品は彼らにバイブルのように読まれたという。

徹底した反戦主義者であり、東洋思想の精通者であり、時の権力につねに反対し続けた強情な個人主義者であり、共同体の束縛を何よりも嫌ったアウトサイダーであり、自然を愛し、質朴・質素を最上として、技術の進歩に絶えず疑問を投げかけ、しかもアメリカ嫌いであったヘッセが、アメリカで爆発的に読まれたことは、実に興味深いことである。映画『シッダールタ』はこのようなブームを当て込んで作られた安易な作品ではない。

この作品を読んで魅了されたコンラッド・ルークスは、映画化するまでに十六年間もかけたという。また、インドには前後二十四年間も住んだそうで、その打ち込み方は尋常ではない。撮影は完全なインドロケで、出演者もすべてインドの俳優と現地人である。そして撮影監督スヴェン・ニクヴィストをはじめ、スタッフも申し分ない。そして何よりも脚本がよい。台詞は簡潔で、しかも原作の要所要所を的確にとらえている。台詞が英語であることも、インドの音楽や歌と不思議に調和して、ほとんど違和感がない。ただ、思想内容に関しては充分とはいえないけれど、限られた時間の中にしては、原作の雰囲気をこれ以上望めないほど見事に伝えている。

ところで、この映画を見た人は、いやでもオウム真理教とその忌まわしい事件の数々を思い出すに違いない。苦行僧の風貌、衣装、言葉などに共通点があり、とくに原作にも「オーム」〈Om, オウム Aumと同じ〉は、バラモンの祈禱の初めと終わりを告げる言葉であり、〈完全なもの〉あるいは〈完成〉を意味する重要な言葉としてたびたび出てくるので、これは当然であろう。しかし、シッダールタの求めたものと、オウム真理教の求めたものとはまるで正反対である。シッダールタは集団から離れ、目標を捨て、現在に生き、万物を愛したのに対して、オウム真理教は、集団を作り、目標を持ち、未来に希望を託し、愛を拒絶したからである。

自然破壊や飽食や過度の贅沢が問題になっている現在、この映画は私たちにもう一度人間の原点に立ち返って考えてみる機会を与えてくれるに違いない。映画が終わって、"The End"の表示が出た後も、音楽が終わるまで席を立たないでいたいものである。

わが国では『ペーター・カーメンツィント』(『青春彷徨』『郷愁』)『車輪の下』『青春はうるわし』など初期の作品が有名で、ヘッセには「センチメンタルで甘い作家」というイメージが付きまとうけれど、『シッダールタ』を読めばそれがいかに的外れな評価であるかがわかるであろう。また、この作品がインドで十二種類もの方言に翻訳され、仏教学者からも高い評価を受けたことや、アメリカでなぜあれほど爆発的に読まれたかなども理解できるであろう。そして原作を読んでから再度映画を見れば、さらにこの理解は深まるに違いない。

「小舟の浮かぶ日の当たる川岸の家の陰で、沙羅の木の陰で、無花果の木の陰で、美しいバラモンの子、若い鷹、シッダールタは、彼の友、バラモンの子、ゴーヴィンダとともに生い育った。水浴のとき、神聖な沐浴のとき、神聖な生贄をささげるとき、太陽は川のほとりで彼の輝く肩を褐色に焼いた……」

これは『シッダールタ』の冒頭の部分を訳してみたものである。同じような表現が三度ずつ繰り返されるのが特徴で、これは、読経のときインドの僧が同じ文句を三度ずつ唱えながら足踏みの調子もそれに合わせるという方法を、意識的に文体のリズムに取り入れたためである。原文はリズミカルで、張りのある格調高い文章である。

試写会のパンフレット、および「フィアシブ」に掲載　一九九七年

ヘルマン・ヘッセの水彩画

つらい時代 救われた

文豪ヘルマン・ヘッセはじつに三千点以上の水彩画を残したという。描き始めたのは三十九歳のときで、事情を知らない人からは「戦争中に何とのんきなことを」と思われかねない第一次世界大戦のさなかのことであった。

徴兵検査に二度も不合格になったヘッセは、ジャーナリストとして三十編以上の政治論説を書くかたわら、戦争捕虜援護の仕事につくが、その激務と、父の死、妻の精神病の悪化、息子の病気など、相次ぐ家庭内の不幸に見舞われ、心身ともに困憊して、自らも精神病医の精神分析を受けねばならなくなる。絵を描き始めたのはこの時である。

一年後ヘッセは

「私にとって絵を描くことはこの上もなくつらい時代に生きてゆくことに耐え得るための、そして文学から距離を得るための方策でした」

と書き、また後年、

「私の人生の最もつらい時代に絵を描くはじめての試みが私を慰め、救ってくれなかったら、私はとうの昔に生きてはいなかったでしょう」

と述懐している。

戦時奉仕の仕事から解放された一九一九年、ヘッセは、再起できなければ破滅するほかないという悲壮な決意を抱いて、家族とも別れ、単身スイス南端のモンタニョーラに住む。この地方のすばらしい気候と風景に接して、ヘッセは憑かれたように水彩画に熱中する。

これが文筆活動にも非常によい影響を及ぼしたことは、翌年自らの水彩画で飾った『徒歩旅行』や『画家の詩』などの詩文集が刊行され、続いて『シッダールタ』『荒野の狼』『ナルツィスとゴルトムント』などの傑作が生まれたことが証明している。絵を描くことによってヘッセは破滅から救われたのである。

ロマン・ロランも称賛

ヘッセの水彩画は、描かれた時期によっていくつかのタイプに分けられると思う。①最初期の細かい描写の自然主義風の習作、②一九年の、図案的に抽象化された作品、③二一年に試みられた、空や建物や木の葉などをモザイク状に塗り分けた作品、④二三年から二五年頃までの、タッチも色調も大胆なキュービック風の作品、⑤二六年以降に見られる、構図の落ちついた、透明感のある、光を感じさせる色調の作品、⑥二三年頃から試みられ、三〇年代からは非常に緻密な描写が加わるペン画水彩、などである。

それぞれの時期の絵に親交のあった画家たちからの影響も指摘できなくはないが、やはりヘッセの絵は独習で、さまざまな変化はアマチュア画家らしい試行錯誤のあとと見るべきであろう。私は⑤の時期のものと、⑥の緻密なペン画水彩が特に好きである。

「あなたの絵は果物のようにみずみずしく、花のように優雅です。これらを見ていると心がなごみます」

というロマン・ロランの評は、ヘッセの水彩画の魅力をよく言い当てている。

『シッダールタ』の中で、ヘッセは

「この世を見通し、それを解明し、それを軽蔑することは、偉大な思想家たちの仕事であろう。けれど私にとって大切なのは、この世を愛し得ること、それを軽蔑しないこと、この世と自分を憎まないこと、この世と自分と万物を愛と感嘆と畏敬の念をもって眺め得ることである」

と書いたが、三千点以上の水彩画を描き続けることによってヘッセはこの思いを実践したにちがいない。

今回の水彩画展の出品作品は図録で拝見しただけであるが、すべて世界で初公開のものばかりである。一日も早く現物にお目にかかりたいと思っている。

中日新聞　一九九八年五月十二日　夕刊

ヘルマン・ヘッセの故郷への旅

生まれ故郷と選んだ故郷

今、私は五冊目のヘルマン・ヘッセ詩文集『テッスィーン』*を訳している。テッスィーン（イタリア語ではティチーノ）とはスイス南部の州の名前である。ヘッセはこの州の小さな村モンタニョーラに四十二歳の時から八十五歳まで四十三年間住み、そこに骨を埋めた。つまりテッスィーンはヘッセの「選んだ故郷」なのである。

ヘッセの生まれ故郷はドイツ南部のナーゴルト川畔の小さな町カルフである。ヘッセは後年この生まれ故郷についてこう書いている。

　私が知っているすべての町の中で一番美しいのは、ナーゴルト川に沿うカルフだ。古いシュヴァーベンの黒い森の小さな町だ……

　私が詩人として、森や川について、谷間の草地や栗の木陰や樅の木の香りについて語るとき、それはカルフをとりまく森であり、カルフのナーゴルト川であり、心にあるのはカルフの樅の森と栗の木である。また、中央広場、橋、礼拝堂、ビショフ通り、レーダー小路、沼地、ヒルスアウの牧場の道なども私の作品のいたるところに出てくる……それらは私と私の世界像を形成するのに役立ち、今日でもなお私の心にあの少年時代におけるよりも一層親密に光り輝いている。

これほど故郷を愛したヘッセが、ドイツに帰らぬ決意をした。第一次世界大戦中ヘッセはスイスの新聞に平和主義的論説を書いて、ドイツのジャーナリズムから「裏切り者」「売国奴」「兵役忌避者」などと非難され、ボイコットされたことがあり、おそらくこれが直接の原因かと思われるが、これは逃避などではなく、ドイツを愛し、真にドイツ的精神を貫くための勇気ある亡命であった。ヘッセは大戦終結直後からスイス国籍を取得する手続きを始めており、これは一九二四年にようやく認められた。

国籍を変えるということは、生易しいことではない。とくに故郷を愛し、故郷に肉親や親しい知人が住んでいたヘッセの場合はなおさらであろう。以来ヘッセはふるさとを自分の心の中に求めるようになる。

あるとき私はおもしろいことに気がついた。ヘッセの生まれ故郷カルフと、選んだ故郷モンタニョーラとは南北の隔たりは大きく、三百キロ以上もあるけれど、東西の隔たりはわずか十数キロしかないということである。地図で見ると、どちらも東経8度40分から9度の中に入っ

ヘッセゆかりの3つの町

ているのである。最初これは単なる偶然かとも思ったが、ヘッセが初めて土地を買って家を建てたボーデン湖畔のガイエンホーフェンも東経8度40分から9度の間に位置することを確認するに及んで、これは偶然ではなく、意識的に選ばれたに違いないと思うようになった。ヘッセは、家を建てた位置や、永住を決意した土地の位置を生まれ故郷の経度と合わせることによって、たえずふるさととのつながりを感じていたいと思ったのではないだろうか。

ヘッセは、選んだ故郷モンタニョーラにすっかり満足したようである。「放浪の詩人」ともいわれたヘッセが、モンタニョーラを見つけてそこに住んでからは、もっぱらその周辺で水彩画を描いたり、庭仕事に励んだりするようになり、湯治に行くほかはほとんどテッスィーン州から外へ出ることがなくなったことが、これを証明しているように思われる。詩文集『テッスィーン』は故郷の讃歌である。

昨年（一九九六年）の十一月の初旬、私は短期間ではあったけれど、ヘッセの故郷を訪ねた。主目的は地名や植物相の調査など『テッスィーン』翻訳のための取材でもあったので、まずモンタニョーラを訪ね、次いで生まれ故郷カルフを訪ねた。前述の二つの故郷の問題についても現地で考えてみたかったからである。

フランクフルトで行われた第九十九回国際昆虫標本市に二日間出かけたあと、夜行寝台列車に乗って、ルガーノ駅に着いたのは十一月四日であった。ルガーノ（イタリア語ではルガノ）

はテッスィーン州第一の都市であり、ヨーロッパで有数のリゾート地である。

目的地モンタニョーラはルガーノ湖に突き出たチェレージオ半島の「金の丘《コリナ・ドーロ》」と呼ばれる見晴らしのよい丘の中心の村である。ルガーノ駅からモンタニョーラまではバスもあるけれど、タクシーで十分ほどである。

聖アボンディオ教会と墓地

ホテル・ベルヴューでしばらく休憩してから、まずヘッセのお墓にお参りした。お墓のある聖アボンディオ教会はホテルからルガーノの方へ一キロほど下ったところにある。私は車の通る道を避けて、脇道に入った。まず驚いたのは、道の両側の生垣や、庭や、空地に生えている樹木や野草の種類の豊富さである。名前の分かるものを手帳に書き留めてみると、わずかな回り道をして目についたものだけでも、五十種類を越えてしまった。ヘッセもどこかに書いていたと思うが、モンタニョーラは本当に植物相の豊富なところである。

表通りに出るとやがて特徴ある細く高い糸杉が立ち並ぶ聖アボンディオ教会が見えてきた。高い時計塔は修復中であった。お参りをし、写真を撮ってから墓地へ向かった。墓地は教会と道を隔てた向かい側で、ヘッセのお墓は右手奥の松と柏槙が伸びているところにあった。墓碑は名前と生没年月日のみ刻まれただけの簡素なものである。右下にニノン夫人の墓碑があった。

ヘッセの墓

どちらにも真新しい菊の花が供えられていた。この墓地には、ヘッセの伝記を書いた作家フーゴ・バルや、名指揮者ブルーノ・ワルターのお墓もある。

墓地を出て道を右手に行くと、まもなく栗の林に入った。わが国の栗の木とは幹も葉もどことなく違う。落ち葉の中にいくつか実も落ちていた。山栗よりもかなり大きく、中型の丹波栗くらいあるが、日本の栗の実のほうが色が濃く、つやもあり、肌ざわりが滑らかである。ヘッセがここに移り住んだころ、

「牛乳と米とマカロニを食べて生き、秋になると森から栗を拾ってきて夕食に代えた」

と書いているのを思い出した。

林が途切れると、別荘風の家やレストランがあった。ヘッセの作品にときどき出てくるグロット（Grotto 洞窟）という酒場もあった。この地

方にはワインや食品貯蔵用の洞窟があって、これを生かしてつくった居酒屋である。入ってみたかったが、日曜日以外は夕刻にならないと開かないらしい。

ふたたび栗の林に入り、そこを抜けると、チェレージオ半島西側のルガーノ湖と対岸の町や山が見晴らせるところに出た。花盛りの山茶花の木があった。さらにしばらく行った丘の中腹に、見事に実った柿の木と、真っ赤な実をつけたピラカンタの生け垣があった。今にも麦藁帽子をかぶったヘッセが微笑みながら現れてきそうな光景であった。

カーサ・カムッツィ

旅の疲れが出始めたところへワインを飲んだので急に眠くなって昼寝をしたが、目が覚めると夕方近い時間になっていた。しかも午前中あんなによかった天気が、今にも雨が降り出しそうなほど曇っている。私は急いでカメラをもって外に出た。

まずカーサ・カムッツィに立ち寄った。バロック様式の宮殿風の建物である。改装工事中で、職人さんが四、五人働いていた。撮影は五分間だけなら、と言われて、大急ぎで十枚ほどシャッターを切った。

第一次世界大戦が終わって、すっかり疲れ果てたヘッセは、家族とも別れて、悲壮な決意をして再出発のできる場所を探していた。

精神的に私が生きる可能性は今ではもうただひとつしかないことがはっきりしていた。文筆の仕事を何よりも第一に考え、ただひたすらその仕事に生き、家庭の崩壊も難しい金銭上の不安も、そのほかのどんな心配ごとも問題にすまいと思ったのである。それがうまく行かなければ、私はおしまいであった。

そしてモンタニョーラにカーサ・カムッツィを発見して気に入り、四室を借りて一九一九年五月から移り住んだ。そしてここに十二年間も住むことになる。

「金の丘《コリナ・ドーロ》」モンタニョーラの素晴らしい風景と自然に癒されて、見違えるように元気を取り戻したヘッセは、戦時中抑えられていた創作欲が一挙に吹き出すと同時に、憑かれたように水彩画を描き出す。画家を主人公とする『クリングゾルの最後の夏』はヘッセの復活を飾るにふさわしい作品であった。『シッダールタ』『荒野の狼』『ナルツィスとゴルトムント』『ガラス玉遊戯』などの名作をはじめ、「老木の死を悼む」「紛失したポケットナイフ」「対照」「百日草」「夏と秋とのあいだ」などのすぐれたエッセイ（すべて『庭仕事の愉しみ』所収）もここで書かれた。

柿の実のなる旧ヘッセ館

幼稚園の裏手の「ヘルマン・ヘッセ通り」の標識のある小道をしばらく行くと、左側が開けた公園になっている。晴れていれば、ここからは、ヘッセが何度も絵に描いたルガーノ湖とその湖岸の町々、スイス側、イタリア側の幾重にも重なった山々が一望できるはずであるが、曇っていて何も見えない。

公園の片隅の白樺の木の下に、ヘッセ生誕百年を記念して建てられた碑がある。道を隔てて戦士の彫像の立つ二本の白い門柱が立ち、鉄の扉が閉ざされている。ここが旧ヘッセ館に通ずる門であるが、現在の所有者は見学者や観光客に煩わされるのが大嫌いだということで、中に入ることはむずかしい。

道を進むと、ヘッセが庭仕事をした段々畑が、そしてその上に、かつては「赤い家《カーサ・ロッサ》」だったのに今は白く塗り替えられた旧ヘッセ館が見えてくる。ここが友人によって建築・提供されて、一九三一年から生涯住んだ家である。下から見上げるほかないのが何とも残念である。

旧ヘッセ館が一番よく見えるところへ来たとき、私は目を見張った。なんとたわわに実った樹齢四、五十年くらいの柿の木が生えているではないか。ほかの季節に来ていたら、柿の木であるとは気づかなかったかもしれない。おそらく、日本びいきのヘッセが日本から柿の苗を取り寄せて庭に植え、あまったものを知人に分けたのであろう。午前中に見た見事な柿の木もその一本かもしれない。それにしても、この近辺には山茶花、椿、南天、青木、藪柑子、竹など純日本的な庭木が目につく。部分的に見ればここがスイスだとは思えぬほどであった。

生まれ故郷の町カルフ

翌朝9時55分にルガーノから、ミラノ発シュトゥットガルト行きのインターシティに乗った。これはヘッセの生まれ故郷カルフへの最短距離で、東経8度と9度の間を北へ走る列車である。スイスの雪の山々、湖、黄葉などのすばらしい風景を堪能することができた。

ドイツに入ってシャッフハウゼンを過ぎると、列車はネッカル川の谷に沿って進み、15時27分にホルプに着いた。カルフへ行くにはここで乗り換えである。一時間に一本のプフォルツハイム行きの二両連結の電車である。

ナーゴルト川沿いの黄葉が忘れられない。哀しくなるほどの美しさである。ときどき私は黄色い花が咲いているのではないかと、何度も目をこらして見た。わが国の早春、まだ木の芽が出る前に黄色い花をたくさんつけるマンサクやキブシやアブラチャンのように見えるのだ。しかしやはり黄葉であった。この辺には紅葉はなく、黄葉ばかりである。やっとあったと思うと、それはたいてい木の実なのである。

ヘッセの記念額

ヘッセの生家

夕方小雨降るカルフに着いた。非常に寒い。駅のプラットフォームは高い位置にあり、出口へ行くにはエレベーターで四階ほど降りなければならない。『美しきかな青春』の帰郷場面の線路はとうに廃線になったようだ。

ヘッセの生家は中央広場に面した二軒目の木組建築《ファッハヴェルク》の家で、一階が洋品店になっている。もちろん生まれた頃のままではなく、改築されている。生まれた頃の家は当時の写真によれば木組建築ではない。向かって左側の柱に、ヘッセ生誕の家であることを記した記念額がはめ込まれている。

カルフの町には、ヘッセ記念館や、ヘッセ・ブルンネンのあるヘッセ広場などのほか、ヘッセの特設コーナーのある書店や、ヘッセの水彩画や絵葉書を扱う店や、「デーミアン」などヘッセゆかりの名前をつけた喫茶店がある。また、ナーゴルト川、橋の上に建てられたニコラウス礼拝堂、町をとり巻く野原や森など、ヘッセの作品に出てくるところがいたるところにあって、できれば数日滞在してゆっくり見てまわりたいところであったが、翌日フランクフルトで、ヘッセ詩文集の編者、ズーアカンプ書店のフォルカー・ミヒェルス夫妻と会食をする約束があったので、心を残しながらこの町を後にした。

＊『テッスィーン』は『わが心の故郷 アルプス南麓の村』（草思社）として一九九七年十二月に刊行された。

「ラパン」五月号　一九九七年

『ヘッセ　魂の手紙』を読んで

好評を博した『ヘッセからの手紙』の姉妹編『ヘッセ　魂の手紙』（毎日新聞社）が刊行された。まことに喜ばしいことである。前書では『ヘルマン・ヘッセ書簡全集』から厳選された一八一通の書簡がすべて年代順に並べられているのに対して、本書では『書簡全集』にも載っていない少・青年時代の手紙十七通を加えた一五七通の書簡がテーマ別に六章に分けられて、それぞれ年代順に収録されている。

はじめから二巻本として計画されたものではなく、いわば二番摘み、落穂ひろいであるにもかかわらず、本書には前書にほとんど遜色のない充実した内容があり、三万五千通も書かれたというヘッセ書簡の奥の深さにあらためて感嘆しながら、そのすばらしさを充分に堪能することができた。以下各章ごとにごく簡単ではではあるがとくに印象深かったところに触れてみたい。

「少年から青年へ、嵐の時代」の章では、何といっても両親に宛てた十五歳のときの手紙がすごい。自殺未遂事件を起こしたためにシュテッテンの精神治療院に入れられたヘッセが、その環境を呪い、両親の仕打ちに対して激しく反発する。きちんと二行ずつ脚韻を踏んだ、幼い心に死を決意した詩にも胸を打たれるが、特に注目されるのは「僕は今もこれから先も服従しません」「あなた方はクリスチャンで、僕は――ただの人間にすぎません……僕に手紙をくださるつもりなら、どうかもう二度とあなた方のキリストを持ち出さないでください」という言葉である。ここには外部からの強制にはことごとく反抗し、生涯自分の心の声のみを信じて何ものにも屈服しなかったヘッセの生き方が早くも表明されているからである。

「日々をいきぬくこと」の章には、一九〇二年から最晩年までの日常生活を綴った手紙が集められている。母の死、マリーア・ベルヌリとの結婚、第一次世界大戦による生活の激変、精神分析のこと、妻の発病と子供たちのこと、モンタニョーラでの再出発、ルート・ヴェンガーのこと、離婚とルートとの再婚、そしてふたたび離婚、ニノンとの生活と結婚、アカデミー脱退、弟の死、亡命者のこと、水彩画や庭仕事等々、「ヘッセ年譜」に列挙されている事項が、その当事者を通して生々しい臨場感をもってよみがえってくる。これは、詩や小説では味わえない書簡集独特の魅力であろう。また、『ロスハルデ』『シッダールタ』『荒野の狼』『ガラス玉遊戯』など自分の作品についての意見や、その成立に関する記述も興味深い。

「平和を願って」の章は、「戦争で今何よりも痛ましいのは、際限のない争いが政治や軍隊の分野にとどまらず、精神世界の普遍的な価値までがむごたらしくおとしめられ、唾棄されていることだ。……そもそも『敵』国民の芸術や文化を、国をあげてボイコットするというのは、全くもって本末転倒もはなはだしい」という第一次世界大戦勃発の年の手紙から始まる。「再びドイツで」に対する「ケルン日刊新聞」の的外れな非難・中傷に対する反論をはじめ、いくつかの公開書簡が読みごたえがある。出世作『ペーター・カーメンツィント』を捧げたほどの親友であったのに、戦争讃美者になり、ナツィスの党員になってしまったL．フィンク宛の手紙も、前書三四七頁の手厳しい手紙とともに印象的である。この章の最後の手紙の中の、敬愛する先輩ロマン・ロランの共産主義転向に対する一文も見逃せない。

「芸術とは、文学とは」の章には、ヘッセ独自の芸術観や文学論がふんだんに開陳されていて読みごたえがある。シュペングラーの『西洋の没落』評や「大衆から全く注目されていない、静かな巨匠というべき存在」「三十人のドイツ詩人が束になってかかってもかなわないくらいドイツ語が達者」というカフカ評も興味深い。また「ある女性歌手への郵送されなかった手紙」に述べられた芸術観や、サンテグジュペリの『夜間飛行』の評、「……立派な、真面目な本です。しかし私はこの本を拒否します。アンドレ・ジッドがそれを称揚するのと正反対の理由からです。……」というのがいかにもヘッセらしくてすばらしい。

「愛する者へ、まだ見ぬ者へ」には、ブルーノへの父親としてのこまやかな愛情と心遣いにあふれた手紙、そして愛する身内や友人ばかりでなく、未知の人たちへの心のこもった手紙が集められている。しかしそこには常に、甘えを許さない厳しい視線も注がれている。それは、ヘッセが自分の苦しみを外部にではなく、自分の内部に求めるようになったとき、自分自身を見つめたのと同じ視線であろう。

「敬愛する作家たちへ」の章には、C・ブッセ、S・ツヴァイク、W・ラーベ、R・ロラン、H・カロッサ、Th・マン、A・ジッドらへの手紙が集められている。「ストックホルムの賞を受賞して以来、私が受け取った恐ろしく大量の手紙の中で、あなたのお手紙ほど私を喜ばせてくれたものはありません」という書き出しのA・ジッド宛の手紙は、簡潔ながら心のこもった、ヘッセらしい、じつに見事な書簡である。

全体を通読して、責任を回避せず、相手が誰であれ、決して追従したり屈服したりせずに自分の信念を貫いたヘッセの生き方と、優しく、厳しく、親しみ深いヘッセの人間的魅力に、私はあらためて深い感銘を受けた。

訳文は二十七人の分担訳とは信じられないほど読みやすい。手紙の選定も申し分がなく、テーマ別の編集も成功している。前書と同様に年譜と人物紹介がついているのもありがたいことであり、編集委員の並々ならぬ努力に敬意を表したい。

『ヘッセからの手紙』と本書は、ヘッセについて知れば知るほどますます輝きを増すように思われる。枕頭の書としてくりかえし読みたいと思っている。ヘッセに関心のある人びとにはもちろん、すべての人びとにお勧めしたい書である。

「ヘルマン・ヘッセ友の会報」No.5　一九九八年

ヘルマン・ヘッセ生誕一二五周年に際して

二〇〇二年は「二十世紀に世界で最も多く読まれたドイツ語作家」ヘルマン・ヘッセ（一八七七－一九六二）の生誕一二五周年に当たります。一二五周年というのは、わが国ではあまりなじみがないかもしれませんが、西洋では、「四半世紀」である二十五周年やその倍数の年は、二十周年や三十周年よりも重視されています。それでドイツやスイスばかりでなく、イタリア、ハンガリー、ベルギーなどでもいろいろな記念行事が計画されています。

まずドイツでは、生誕の地カルフをはじめ、ベルリーン、フランクフルト、テュービンゲン、マウルブロン、ガイエンホーフェンなどヘッセゆかりの地で、三月以降長期間にわたって"Hermann Hesse-Jahr-2002"という標語のもとに、生誕記念祭、各種展示会、講演会、朗読会、音楽会などさまざまな催しが予定されています。またズーアカンプ出版社から、Volker Michels編集による全二十巻の『ヘルマン・ヘッセ全集』がこの記念すべき年に完結することを目指して刊行されています。全一万四千頁に及ぶこの全集には、新発見の作品や、わが国ではまだ翻訳されたことのない短編小説、戯曲、エッセイ、政治論集、書評等が多量に収録されており、これまでに出版されたヘッセ全集とは比較にならないほど充実したものです。

スイスではツューリヒのスイス国立博物館やモンタニョーラのヘッセ博物館をはじめ、ヴィンタートゥーア、ルガーノなどで展示会や音楽会や世界のヘッセ研究家の講演が行われます。詳しくはヘルマン・ヘッセのホームページをご覧ください。

わが国の「ヘルマン・ヘッセ友の会・研究会」では、昨年の総会で、今年のヘッセ年の活動の一環として、前述の『ヘッセ全集二十巻』に基づく新訳の『ヘッセ全集』の出版を検討することが決議されました。また会長の渡辺勝氏が、スイスで出版されるヘッセ記念論文集に「最近の日本におけるヘッセ受容」という論文を寄稿されることになっています。

エッセイなどの小品は別として、ヘッセのまとまった作品がわが国に初めて紹介されたのは、三井光彌訳『シッダールタ』で、大正十四年のことでした。この作品を読んだ人びとは、ヘッセのインド思想や仏教についての造詣の深さに驚嘆し、当時の新聞でも「東西の文明を融合する新文明の創造の前途に光を投げかけるもの」と称讃されたそうです。またアメリカでは、ビート族やヒッピー族を中心に読まれ、三百万部の大ベストセラーになりました。この作品は、第一部がロマン・ロランに、第二部がヴィルヘルム・グンデルト博士（一八八〇－一九七一）に捧げられています。後者はヘッセの母方の従弟で、長年日本の旧制高校（一高、五高、水戸高校）でドイツ語を教授するかたわら、禅仏教や神道の研究に従事し、後にハンブルク大学の東洋学の教授になり、学長も務められました。氏が「日独文化協会」創設時から九年間ドイツ側主事として日独交流のために貢献されたことをご存知の方も多いと思います。このヘッセの「最愛の従弟」であるグンデルトは、帰欧の際にはヘッセを訪ねて日本や仏教について夜を徹して語り合ったということで、まさに東西の「架け橋」になったと言えましょう。寺に生まれ育った私はこの作品『シッダールタ』に深い関心をもっているので、いつかこれを翻訳したい*と思っています。（独文省略）

日独協会“Die Brücke —かけ橋—” 二〇〇二年二月号

＊『シッダールタ』岡田朝雄訳は、二〇〇六年、草思社より刊行され、二〇〇七年、臨川書店『ヘルマン・ヘッセ全集』十二巻にも収録された。また、二〇一四年に「草思社文庫」に収録された。

ヘッセ昆虫展

二〇〇八年四月、「どくとるマンボウ昆虫展」（日本昆虫協会主催）を開催した。これは、北杜夫の作品『どくとるマンボウ昆虫記』を具現化（標本を文章とともに展示）した展覧会で、新部公亮氏（栃木県庁環境森林部の職員）と私が二年前から企画し、全国の虫屋に協力を求め、新部氏が展示物を作製したものである。大変好評で、現在までに、今市市、矢板市、川口市、結城市、仙台市、軽井沢高原文庫、松本市、北杜市、信州昆虫資料館、上山市、日光市などで巡回展が行われた。

大阪市立自然史博物館ポスター

これに続くものとして、二〇〇九年四月に、「ヘッセ昆虫展『少年の日の思い出』」を企画して開催した。これは、『少年の日の思い出』を中心に、拙訳『ヘルマン・ヘッセ　蝶』（朝日出版社一九八四年、岩波書店一九九二年）所収の詩や散文を具現化したもので、これも現在までに、今市市、矢板市、信州昆虫資料館、大阪市

パルテベニヒカゲとラベル

立自然史博物館、徳島県立博物館、鹿児島県立博物館、軽井沢高原文庫などで巡回展示された。

この展覧会が各地の地方新聞に紹介されたことで、ひとつの興味深い反響があった。大阪在住のコレクター木下聰一郎氏から、ヘルマン・ヘッセが採集したラベル付きの蝶、パルテベニヒカゲの標本を所持しているという報告があったのである。これに関して、読売新聞とＮＨＫから私が鑑定を依頼された。その手書きのラベルには

"Stubaier-Alp. Franzsenhütte 10. ~ 14. 7. 1927 leg. H. Hesse coll. H. Hesse" (leg. = 採集者、coll. = コレクター)

と書かれている。

「筆跡はヘッセのものと思われるが、筆跡鑑定家ではないので、上記期間にヘッセがその場所に行ったことが証明されないかぎり、断定はできない」

と私は答えた。

その後、新部氏が、私が貸していたヘッセの『水彩画集』Spiel mit Farben (『色彩のたわむれ』Suhrkamp Verlag

2005）の中に一九二七年七月十四日に描かれたインスブルックの街角ドルフガッセ（Dorfgasse）の絵（本書カバーの絵）があるのを見つけた。インスブルックは採集地フランツゼンヒュッテから二十四キロしか離れていないので、ヘッセがこの地に滞在したことは明らかであり、あのラベルがヘッセのものであることが証明された。ヘッセは一九一四年に蝶の採集はやめたと思っていたが、初めての地へ旅行するときに、捕虫網を持参するのは、蝶の採集経験者の誰もがすることである。

この展覧会をドイツやスイスのヘッセ博物館で開催できないものか、という新部氏の希望を受けて、昨年（二〇〇九年）秋、日独文化交流の仕事をしておられたウルリーケ・シュラック女史と私が、フォルカー・ミヒェルス氏に展覧会の資料を添えて、

「展示品を寄贈するので、ヘッセ博物館での開催を検討していただきたい」

という依頼の手紙を出した。これに対して、V・ミヒェルス氏から、

「ドイツとスイスの三ヶ所のヘッセ博物館で『ヘルマン・ヘッセと蝶（蛾）』と題して、巡回開催したい」

という手紙が届いた。さらにヘッセ生誕の町カルフ市と同市のヘッセ博物館から、新部氏と私に招待状が届いた。

「この展覧会をドイツのカルフ市、ガイエンホーフェン、およびスイスのモンタニョーラのヘッセ博物館で開催することになりました。初めにカルフ市の博物館で二〇一〇年二月九日から六

Hermann-Hesse-Museum Calw
Ausstellungseröffnung

„Hermann Hesse und die Schmetterlinge"
Vernissage und Eröffnungsveranstaltung

Dienstag, den 9. Februar 2010

18.30 Uhr im 2. Stock: Eröffnung der Ausstellung
In Anwesenheit der japanischen Ehrengäste
Asao Okada und Kousuke Niibe,
die diese Ausstellung erarbeitet und den Hesse-Museen
in Calw, Gaienhofen und Montagnola geschenkt haben.

19.30 Uhr im Saal: Vortrag und musikalisch umrahmte Lesung
Vortrag: Volker Michels
Lesung: Ulrike Goetz
Musik: Melania Kluge, Klavier
Konzeption: Herbert Schnierle-Lutz

Veranstalter: Hermann-Hesse-Zentrum Calw und die Stadt Calw

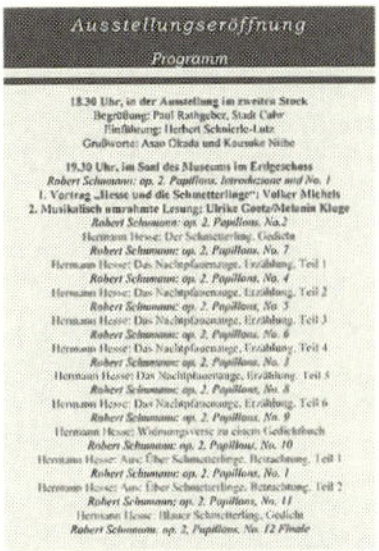

Ausstellungseröffnung
Programm

18.30 Uhr, in der Ausstellung im zweiten Stock
Begrüßung: Paul Rathgeber, Stadt Calw
Einführung: Herbert Schnierle-Lutz
Grußworte: Asao Okada und Kousuke Niibe

19.30 Uhr, im Saal des Museums im Erdgeschoss
Robert Schumann: op. 2, Papillons, Introduzione und No. 1
1. Vortrag „Hesse und die Schmetterlinge": Volker Michels
2. Musikalisch umrahmte Lesung: Ulrike Goetz/Melania Kluge
Robert Schumann: op. 2, Papillons, No.2
Hermann Hesse: Der Schmetterling, Gedicht
Robert Schumann: op. 2, Papillons, No. 7
Hermann Hesse: Das Nachtpfauenauge, Erzählung, Teil 1
Robert Schumann: op. 2, Papillons, No. 4
Hermann Hesse: Das Nachtpfauenauge, Erzählung, Teil 2
Robert Schumann: op. 2, Papillons, No. 5
Hermann Hesse: Das Nachtpfauenauge, Erzählung, Teil 3
Robert Schumann: op. 2, Papillons, No. 6
Hermann Hesse: Das Nachtpfauenauge, Erzählung, Teil 4
Robert Schumann: op. 2, Papillons, No. 3
Hermann Hesse: Das Nachtpfauenauge, Erzählung, Teil 5
Robert Schumann: op. 2, Papillons, No. 8
Hermann Hesse: Das Nachtpfauenauge, Erzählung, Teil 6
Robert Schumann: op. 2, Papillons, No. 9
Hermann Hesse: Widmungsverse zu einem Gedichtbuch
Robert Schumann: op. 2, Papillons, No. 10
Hermann Hesse: Aus: Über Schmetterlinge, Betrachtung, Teil 1
Robert Schumann: op. 2, Papillons, No. 1
Hermann Hesse: Aus: Über Schmetterlinge, Betrachtung, Teil 2
Robert Schumann: op. 2, Papillons, No. 11
Hermann Hesse: Blauer Schmetterling, Gedicht
Robert Schumann: op. 2, Papillons, No. 12 Finale

カルフパンフレット

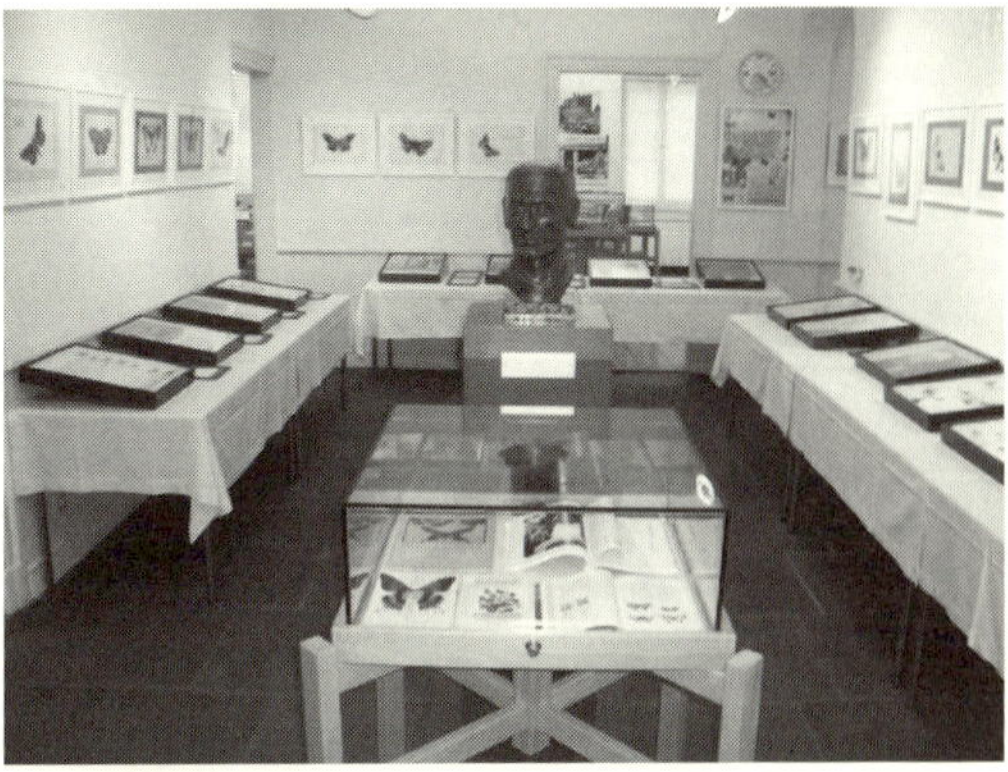

カルフの博物館の展示

内覧会での朗読とピアノ演奏

月二七日まで開催します」

ということで、二月七日から十日まで、三泊四日、二人が招待された。

このための準備として、新部氏は寄贈する展示品をもう一セット作り、私は昨年末に、日本蝶類学会（テングアゲハ）*の学会誌“Butterflies”に「『少年の日の思い出』と『クジャクヤママユ』」という小論文を書いた。

『少年の日の思い出』は、わが国ではヘッセの作品の中でも最も多くの人びとに読まれた超有名な作品なのに、奇妙なことに、ドイツでは、ヘッセの全集にも単行本にも載っておらず、一地方新聞に載っただけで、ヘッセ研究者にも知られぬまま埋もれてしまった作品なのである。じつは、この作品の初稿は『クジャクヤママユ』Das Nachtpfauenaugeという題名で、これは全集や単行本に載っているけれど、蛾の題名の短編など、かなりのヘッセファンでも敬遠するのではないだろうか。わが国の『少年の日の思い出』の読者の数と比べれば、雲泥の差であろう。

『クジャクヤママユ』は一九一一年の作品であるが、その二十年後の一九三一年にヘッセはこれを推敲し、Jugendgedenkenと改題したものが、前述のように地方紙「ヴュルツブルガー・ゲネラール・アンツァイガー」の八月一日号に掲載された。その年に高橋健二先生が二日間にわたってヘッセを訪問し、その別れぎわに手渡された新聞の切り抜きの一つがこれで、高橋先生は、「スイスの美しい景色も忘れて、車窓でこれに読みふけった」そうである。先生は帰国してからこの作品を『少年の日の憶出』として翻訳され、『独墺短篇集』（世界短篇傑作全集３　河出書房　一九三六年）や、ヘッセ作品集『放浪と懐郷』（新潮社　一九四〇年）に収めた。これが国語教科書編纂者の目に留まり、『少年の日の思い出』として『中等國語』に収録されることになったわけである。私の小論は、この辺の事情を説明し、さらに、私が読んだ当時の高橋健二訳『少年の日の思い出』にコメント六十一箇所と注釈十四箇所をつけたものである。恩師高橋先生の訳にコメントや注釈をつけるなど、畏れ多いことで、できれば避けたいところであった。それをあえてしたのは、蝶や蛾や昆虫関係の用語にご関心のなかった先生の訳にはかなり多くの問題があったこと、そして、日本人客も多いヘッセ博物館で展覧会を開く場合、ヘッセの蝶や蛾に関する文章をドイツ語と日本語で展示する必要があり、高橋訳の問題の箇所を明らかにしておく必要があったなどのためである。

こうして二月六日、新部公亮氏とともにドイツに出発した。七日、シュトゥットガルトで、ウルリーケ・シュラック女史に会い、彼女の車でカルフのホテルに向かう。ホテルの前で、作家・ヘッセ研究家H・シュニールレ - ルッツ氏と博物館のマイリッツ氏の出迎えを受け、博物館へ行って、展示場の説明や準備を聞く。八日、手荷物として持参した標本類を、すでに送っておいた標本箱に収納。三時に終了。その手際のよさに博物館員も驚嘆する。九日、午前中はシュニールレ - ルッツ氏の案内でシュヴァルツヴァルト近辺のヘッセゆかりの地を案内され

Mitwirkende an der Ausstellungseröffnung (v.l.): Kousuke Niibe, Pianistin Melania Kluge, Rezitatorin Ulrike Goetz, Herbert Schnierle-Lutz, Volker Michels und Asao Okada

● **Ausstellungs „Hesse und die Schmetterlinge" eröffnet**

Von Japan nach Calw

Sie ist ein Geschenk aus Japan und hat den weiten Weg von 10.000 Kilometern, teilweise sogar im Handgepäck, zurückgelegt: Die farbenfrohe Sonderaustellung „Hermann Hesse und die Schmetterlinge", die im Hermann-Hesse-Museum feierlich eröffnet wurde.

Wie 80 Prozent aller Japaner lernten Asao Okada, Professor für Vergleichende Literaturwissenschaft, und Kousuke Niibe, Diplom-Biologe, sehr früh Hesses Erzählung „Das Nachtpfauenauge" kennen. Seit 1947 wird der Text unter dem Titel „Jugenderinnerungen" in japanischen Schullesebüchern durchgängig abgedruckt.

Diese frühe Begegnung hat bei Okada und Niibe Spuren hinterlassen. Als sie die gemeinsame Doppelpassion für Literatur und die Insektenwelt entdeckten, entstand die Idee mit Bildern und Exponaten genau jene Schmetterlinge zu veranschaulichen, die in den Werken des Dichters beschrieben werden.

Herbert Schnierle-Lutz dankte bei der Vernissage den japanischen Gästen und zeigte sich hoch erfreut, dass Calw als erste europäische Stadt diese Ausstellung zeigen wird, die bereits in mehreren japanischen Städten große Erfolge verzeichnen konnte.

Ein erster, flüchtiger Blick auf die präzise gestalteten Schaukästen eröffnet eine ganz neue Perspektive auf die filigranen Insekten: Wann sieht man schon mal einen Schmetterling von unten? Bekannt ist das unwiderstehliche Schillern der Spezies Lepidopteren, das durch die Pigmentierung und die Lichtbrechungseffekte der dachziegelartig angeordneten Schuppen entsteht. Doch Niibe, Spezialist für die Herstellung von Insekten-Exponaten, zeigt mit Hilfe von Spiegelfolien erstmals auch die pelzigsamtene Unterseite der Falter. Auch aus literarischer Sicht ist die Ausstellung hoch interessant, denn der Hesse-Übersetzer Asao Okada hat akribisch jene Werke Hesses zusammengestellt, welche die Affinität des Dichters für die zarten und pittoresken Wunderwerke der Natur dokumentieren.

Nach einem ersten Rundgang durch die Ausstellung erläuterte Hesse-Herausgeber Volker Michel die Bedeutung der Schmetterlinge für den Dichter: „Die Schmetterlingswiese hinter dem Haus hinterließ eine unauslöschliche Prägung bei dem Fünfjährigen." Später sei die Sammlerleidenschaft des jungen Hermann einem kontemplativen Verhältnis gewichen und der Begierde des Fangs folgte die Liebe zum Detail, verbunden mit dem Anliegen, die fragilen Wesen zu schützen. Doch nie habe ihn die Faszination für die schwerelosen Tiere losgelassen.

Die Ausstellung ist noch bis zum 27. Juni in Calw zu sehen.

Schmetterlingsexperte Kousuke Niibe, Literaturprofessor Asao Okada, Japanologin Ulrike Schlack im Hesse-Museum (oben), Kousuke Niibe beim Vorbereiten der Ausstellung

Impressum

Calw journal
Amtsblatt der Großen Kreisstadt Calw

Herausgeber:
Stadtverwaltung Calw

Anzeigen, Druck und Verlag:
Nussbaum Medien Weil der Stadt GmbH & Co.KG
Merklinger Straße 20, 71263 Weil der Stadt
Telefon 07033 / 525-0, Fax 07033 / 2048

Redaktion:
Verantwortlich für den amtlichen und den redaktionellen Teil sowie alle sonstigen Verlautbarungen und Mitteilungen: Oberbürgermeister Manfred Dunst oder sein Vertreter im Amt.
Telefon 07051 / 167-115,
E-Mail: calwjournal@calw.de
Die Redaktion behält sich bei Textbeiträgen Änderungen oder Kürzungen vor. Für unverlangte Manuskripte und Fotos wird keine Haftung übernommen.

Für den Bereich „Aktuelles" i. A. der Stadt Calw:
Pressebüro et cetera, Reinhard Stöhr
Salzgasse 1, 75365 Calw
Telefon: 07051 / 969787, Fax 07051 / 969789
E-Mail: calwjournal@pressebuero-etcetera.de

Verantwortlich für „Was sonst noch interessiert" und den Anzeigenteil:
Brigitte Nussbaum, 71261 Weil der Stadt

カルフジャーナル

る。到着した来賓、フォルカー・ミヒェルス氏と昼食。午後、ヘッセ生誕の家の家主ヘルマン・シャーバー氏にヘッセ一家が住んでいた部屋部屋を案内される。六時から内覧会とオープニング・セレモニーが始まる。六十人ほど来場。展覧会場でシュニールレ‐ルッツ氏の司会・進行により、まず市長代理のP・ラートゲーバー氏の挨拶があった。次いで私のドイツ語でのスピーチ、新部氏の日本語での挨拶（通訳U・シュラック女史）があり、ともに盛大な拍手を受けた。ホールに場所を変えて、V・ミヒェルス氏の「ヘッセと蝶（蛾）」というすばらしい講演があり、新部と私がカルフ市から記念品をいただく。さらにウルリーケ・ゲッツ女史によるヘッセの詩と散文（『クジャクヤママユ』を含む）の朗読があり、その合間に、メラーニア・クルーゲ女史によるシューマンのピアノ曲『パピヨン』の演奏があって（二三七頁下段）、セレモニーは終了した。その後関係者と希望者が集まって、打ち上げの会が行われた。この内覧会とセレモニーの模様は、シュヴァルツヴェルダー・ボーテ、カルフジャーナル（二四〇頁）等の新聞にかなり大きく報道された。

二〇一一年は日独交流一五〇年に当たる年で、ドイツ大使館からこの展覧会がその記念行事の一つと認められ、そのロゴマークをポスターやパンフレットに使用することが許された。そしてこの年、ドイツで二回目の「ヘルマン・ヘッセと蝶」展が二月十七日から六月二十六日までボーデン湖畔のガイエンホーフェンで開催された。この地は、ヘッセが作家として独立し、

ロゴマーク入りのパンフレット

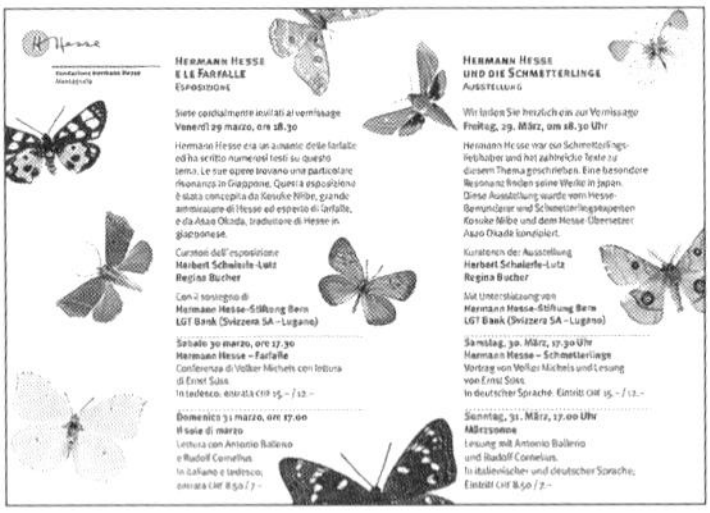

スイス展パンフレット

スイス展　©Museo Hermann Hesse

スイス展内覧会の講演　©Museo Hermann Hesse

結婚した一九〇四年から一九一二年まで住んだところで、最初に借りた農家がHermann Hesse-Höri-Museumとなっているのである。この展覧会にも招待を受けたが、行くことができなかった。

この展覧会は今年二〇一三年三月三十日から九月一日まで五か月間、スイス南端のモンタニョーラにあるMuseo Hermann Hesseでも開催された。モンタニョーラは、ヘッセが第一次世界大戦の仕事から解放され、作家として再起を図った一九一九年から生涯住んだところである。

三月二十九日に内覧会があり、新部氏と私は出席できなかったが、在スイス日本国大使前田隆平氏夫妻をはじめ、ジルバー・ヘッセ、フォルカー・ミヒェルス、H・シュニールレ-ルッツ氏らお歴々が集まり、盛会であったという。

後日、H・シュニールレ‐ルッツ氏から、鄭重なお手紙とともに、次のような「ヘルマン・ヘッセと蝶」展内覧会のあいさつが届けられた。

敬愛する日本国大使様、わが親愛なるヘッセ愛好家の紳士・淑女の皆様

私は、展覧会「ヘルマン・ヘッセと蝶」展を、四五〇キロ以上離れた私の故郷の町カルフからここモンタニョーラへ運ぶにあたってお役に立てましたことを非常にうれしく思います。しかしこの展覧会は、実ははるかに遠くから、すでに一〇〇〇〇キロも地球を回って飛んできたのです。つまりこの展覧会はもともと日本で企画されたものなのです。その地で四年前に二人の熱烈なヘッセファンがともに協力して作製したのです。その一人岡田朝雄氏は、東京の東洋大学のドイツ文学を中心とする比較文学の教授であり、その上、ヘルマン・ヘッセの多くの作品を日本語に翻訳しております。その作品の中には、フォルカー・ミヒェルス氏が編集された『ヘルマン・ヘッセ　蝶』という詩文集も含まれています。ミヒェルス氏は、喜ばしいことに本日、本席にお出で下さっており、明日、このテーマで講演をしていただくことになっております。岡田教授はまた、ヘッセの翻訳者であり、ドイツ文学案内書の著者であるだけでなく、『蝶の入門百科』など昆虫関係の書も著しております。この二つの分野の

専門家であったことから、ヘッセの蝶にそそぐ熱烈な愛着が、岡田氏にとって特別な関心事となり続けることになったのであります。

教授が、昆虫愛好家であり熱烈なヘッセの読者である新部公亮氏と同じ考えをもっていることを知ったとき、この二人は、ヘッセの蝶を扱った詩やエッセイの展示物を作製する決心をしたのです。そこでは、ヘッセのテクストに登場する蝶や蛾の標本が正しく具体的に示されているのです。この展覧会は二〇〇九年から現在に至るまで日本のさまざまな都市で公開され、観客に大きな評判を呼び、新聞やテレビで報道されました。これに勇気を得た二人は、この展覧会のドイツ語版を作り、それをヘルマン・ヘッセの生誕の町カルフに寄贈する決心をしたのです。それがカルフのヘルマン・ヘッセ記念館で公開され、さらにガイエンホーフェンとモンタニョーラにある二つのヘッセ記念館でも公開されることが彼らの望みでした。カルフでその展覧会は、二〇一〇年の早春に岡田教授と新部氏も出席して公開されました。新部氏は、自分の手で展翅した貴重な蝶の標本を特別なトランクに入れて手荷物として運んできました。そしてあらかじめ航空貨物として届けられていた標本箱にその標本を自分の手でセッティングしました。私は来訪者のために「ヘルマン・ヘッセと蝶」と「ヘルマン・ヘッセと日本」というテーマにあった情報板を追加作製しました。一年後にこの展覧会は同じ形でボーデン湖畔のガイエンホーフェンのヘッセ記念館で公開されました。そして今、喜ばしいことにここ金の丘《コリナ・ドーロ》（モンタニョーラの丘）のヘッセ記念館で公開されたわけです。ここでとくにすばらしいことは、ヘルマン・ヘッセの遺品である蝶の標本額が追加展示されたことです。

なお簡単に蝶の専門家新部公亮氏について述べておきたいと思います。新部氏は東京から一〇〇キロほど北にある県（こちらの州に当たります）の出先機関の、自然、動植物、環境保全課の課長で、ヘルマン・ヘッセを日本の学校の教科書で知りました。その国語の教科書には、半世紀以上にわたってずっと、ヘルマン・ヘッセの『クジャクヤママユ』という作品が『少年の日の思い出』というタイトルで掲載され続けていました。これは詩人が少年の頃の蝶に対する情熱を語った作品です。これに刺激されて新部公亮氏は蝶の採集家となり、森林環境関係の公務員となり、また熱烈なヘッセの愛読者となったのです。

ちなみに、この作品『クジャクヤママユ』が日本に渡ることになったことには、ヘルマン・ヘッセ自身が関わっていました。一九三一年に親交のあった日本のドイツ文学者であり翻訳家である高橋健二氏が、ここモンタニョーラにヘッセを訪ねました。ヘッセは贈り物の一つに、出たばかりの新聞「ヴュルツブルガー・ゲネラール - アンツァイガー」の切り抜きを高橋氏に与えました。そこには、一九一一年に成立した短編『クジャクヤママユ』が編集部によって選ばれた『少年の日の思い出』というタイトルで掲載されていたのです。高橋氏はこの新聞に載った版を日本語に翻訳して、これが日本の教科書に載ることになったのです。

ヘルマン・ヘッセの詩や小説が日本の教科書に載り続けているという事実は、日本で長いあいだヘッセが外国作家の中で最も重要な人気作家であったことを証明しています。それに関しても皆様はこの展覧会の中にその情報を見出すでしょう。

最後に、私は岡田氏と新部氏についてなお一つの情報をお伝えしたいと思います。蝶の採集が今日もはや無思慮な情熱ではなく、採集家の多くが同時に蝶の保護や自然の保護に参加していることが、お二人の関心事であり、蝶の華麗さと、その存続のために必要な豊かな自然を保持し、蝶の分布の消長を良質な環境の指標として利用しようと考えておられます。この指標はまさにヘルマン・ヘッセが考えていたことで、ヘッセはその長い生涯に、情熱的な若い採集家から、か弱い色彩の華麗な蝶を感嘆する観察者になったのです。蝶はヘッセにとって、自然の美の象徴であり、またその壊れやすさ、保護の必要なものの象徴となったのです。

私は皆様のご関心に感謝し、皆様がこの展覧会で興味深い体験をなさることを願っています。

ヘルベルト・シュニールレ・ルッツ

（岡田訳）

また、モンタニョーラのヘッセ記念館館長レギーナ・ブーハー女史から、新部氏と私に小包が届いた。そこには、礼状と、内覧会の写真のCDと、一冊の本が入っていた。その本はかつて私が翻訳出版した（朝日出版社　一九八四年、岩波書店　一九九二年）フォルカー・ミヒェルス編『ヘルマン・ヘッセ　蝶』の原本の新装版（Hermann Hesse: Schmetterlinge. Herausgegeben

Volker Michels, Insel-Bücherei 1348, 2011）で、その扉に
「日本国とスイス国との友好関係増進の為のご努力に深謝いたします　在スイス国大使　前田隆平」
と書かれていて恐縮した。

ヘッセ遺品の蝶の標本額の発見と展示

前掲のシュニールレ - ルッツ氏の挨拶文の中に
「とくに素晴らしいことは、ヘルマン・ヘッセの遺品である蝶の標本額が追加展示されたことです」
という箇所があるが、これについて説明しておきたい。
この展覧会の準備期間中、ウルリーケ・シュラック女史（この展覧会のドイツ、スイス開催に際して大変お世話になった方）から、新部氏に、蝶の名前を教えてほしいというメールがあった。それが私に転送された。（私はメールアドレスの変更を欧州の方々に知らせていなかったが、これ以後新部氏が知らせてくれた）そのメールには次のような、ヘッセ記念館館長からの依頼文が添えられていた。

親愛なるシュラック様

私たちは、ヘルマン・ヘッセが最後に住んだ家（カーサ・ロッサ）の現在の所有者（女性）から、添付写真のような蝶のコレクションを贈り物としていただきました。これはヘッセのものです。（そしてまだ一度も誰にも見せていないものです）。

八頭の蝶は、展翅され、丁寧にボール箱に張り付けられています。

どうか、新部氏に、これらの蝶の正しい名前を教えてくださるように、伺っていただけないでしょうか。そうすれば、私はこれらの蝶の展示の説明文に挿入するでしょう。

レギーナ・ブーハー

つまり、ヘッセが一九三一年に、友人であり、パトロンでもあった建築家に建ててもらって、生涯住んだ家カーサ・ロッサ（赤い家）の現在の持ち主から、ヘッセ記念館レギーナ・ブーハー館長にヘッセの遺品である蝶の標本額が寄贈されたのである。それは、写真のように、八頭しか入っていない、蝶額としては未完成と思われるものである。不鮮明な写真であるが、私は次のように同定して、メールを返送した。

①学名 *Danaus chrysippus*

（東南アジア産。一九一一年にヘッセ自身が採集したものであろう。和名カバマダラ）

蝶額の写真

②学名 *Nymphalis antiopa*
独名 Trauermantel（悲しみのマント、喪服）（和名キベリタテハ）
（ドイツ、あるいはスイス産）

③学名 *Hipparchia alcyone*
独名 Kleiner Waldportier（小型森の番人）
（ドイツ、あるいはスイス産）

④学名 *Araschnia levana*
独名 Landkärtchen（小さな地図）（和名アカマダラ）
（ドイツ、あるいはスイス産）

⑤学名 *Limenitis reducta*
独名 Blauschwarzer Eisvogel（青黒一文字）
（ドイツ、あるいはスイス産）

⑥学名 *Junonia almana*
（東南アジア産。一九一一年にヘッセ自身が採集したものであろう）（和名タテハモドキ）

⑦学名 *Pyronia tithonus*
独名 Gelbes Ochsenauge（黄色い牡牛の眼）
（ドイツ、あるいはスイス産）
⑧学名 *Pararge megaera*
独名 Braunscheckauge（茶色斑の眼）
（ドイツ、あるいはスイス産）

写真が不鮮明なため、標本がどのようにつくられているのかわからず、八頭しか入っていないのは、蝶額として明らかに未完成と思われるが、この蝶額の発見は素晴らしいことである。ヘッセの所持していた蝶や蛾の標本でこれまで知られていたものは、書斎に飾られていた、アポロウスバシロチョウ、片羽のとれたヒメクジャクヤママユ、一九一一年の東南アジア旅行のときの採集品シロオビアゲハ、テンジクアゲハなどの入った標本箱と、エッセイ「マダガスカルの蛾」に詳しく書かれているニシキオオツバメガの箱だけだったからである。後者は、多くの書籍や資料とともに、マールバッハのSchiller-Nationalmuseumに寄贈された。

ヘッセは、少年時代に熱中した蝶の採集をマウルブロン神学校時代にやめたと思われるが、長いあいだ中断していたこの趣味が、ガイエンホーフェン時代に復活する。

「子供ができてから、自分の子供の頃のいろいろな趣味がまたよみがえってきてねえ。一年ほ

ヘッセの東南アジア旅行壮行会で贈られたオットー・ブリューメルの影絵

ど前からまた蝶や蛾のコレクションをはじめたんだよ」と『クジャクヤママユ』(『少年の日の思い出』の初稿)に書かれている通りである。この作品を書いた一九一一年には、親友の画家と二人で、マレーシア、スマトラ、セイロン(スリランカ)へ旅行している。この旅行の動機として、研究家たちは、インドへのあこがれ(母がインド生まれ、祖父、父がインドで布教)、ヨーロッパと家庭からの逃走、生来の放浪好き、などを挙げているが、私はそこに「熱帯の蝶の採集」を加えたい。しかもこれが第一の動機であったと確信している。蝶の魅力にとりつかれた人は、蝶の採集だけが目的で世界の果てまで出かけて行くものである。この旅行の壮行会にヘッセに贈られたオットー・ブリューメルの影絵には、椰子の木の下で現地民にまじって捕虫網をかついだヘッセの姿が描かれている。このヘッセの蝶採集の影絵シリーズと物語は、後に出版された。

実際旅行中にヘッセは、マレー半島やセイロン島で何度も蝶の採集を行ない、標本商から標本を買ったり、シンガポールの博物館へ何度も蝶の標本を見に行ったりしている。旅行から帰ってからも、標本作りに励み、同好者と標本の交換をし、息子たちとボーデン湖畔やベルン郊外で採集をしている。

採集やコレクションをやめてからも、蝶や蛾に対する興味を失ったわけではなく、蝶や蛾を描いた多くの詩や散文を残している。それらを集めた詩文集が、前述のフォルカー・ミヒェルス編『ヘルマン・ヘッセ　蝶』である。

スイスでの「ヘルマン・ヘッセと蝶」展開催期間中に、見学旅行が計画されたが、私の健康上の理由から実現されなかった。

＊日本蝶類学会は、「テングアゲハ」派と、「フジミドリシジミ」派に分かれていた。

「ヘルマン・ヘッセ友の会報」No. 16・19、「日本昆虫協会ニュースレター」No. 64・65

二〇一〇・二〇一三年

「ヘルマン・ヘッセ友の会・研究会」創立二十五周年を迎えて

「ヘルマン・ヘッセ友の会・研究会」が創立二十五周年を迎えられたことを、心からお祝い申し上げます。私はかなり遅く、一九九七年に入会しましたが、当時の会長は渡辺勝先生でした。渡辺先生は、私の先妻が東大独文科の助手を務めたり、埼玉大学の専任になったりしました関係で、古くから存じ上げておりました。いろいろお世話になりましたのに、亡くなられたとき、そのことをまったく知らず、大変失礼してしまいました。

田中裕先生が会長をされた時代に、田中先生と編集委員の方々が中心になって、毎日新聞社から、ヘッセの書簡集が二点と『ヘッセへの誘い』が刊行されたこと、そして臨川書店から『ヘルマン・ヘッセ全集』が刊行されたことが、なんといってもこの会の最大の業績であったと思います。私も翻訳者のひとりに加えていただきましたが、田中先生をはじめ編集委員の皆様に査読をしていただき、私の思い違いや不適当な訳をご指摘いただいたことは大変ありがたく、この場をお借りしてお礼を申し上げます。ありがとうございました。

この機会に、ヘルマン・ヘッセと私に関することを簡単に紹介させていただきます。

中学時代に蝶の採集と飼育に熱中したこと、その時期に国語の教科書で『少年の日の思い出』を読んだこと、林間学校に参加して富士見高原で詩人の尾崎喜八先生にお会いしたことなどがヘッセに関心を持つ原点でした。

学習院大学のドイツ文学科に学び、ヘッセの作品は愛読しておりましたが、卒論はハンス・カロッサでした。中央大学に文学部の大学院ができたとき、高橋健二先生が学習院に来られて、主任の櫻井和市先生に学生を回してもらいたいと依頼され、私ともう一人が行くことになりました。この大学院時代に、高橋先生に『少年の日の思い出』に中学時代から関心を持っていたこと、蝶や蛾の名前が違うのではないか、などと申し上げる機会があり、訂正していただくことができました。高橋先生に教えを受けたことが、ヘッセへの関心をますます高めることになったことは申すまでもありません。

高橋先生は一九九八年三月二日に亡くなられました。これがマスコミに知らされたのは、なぜか八日も後の十日のことで、その日の夕方私は朝日新聞社から追悼文を依頼されました。

「ヘルマン・ヘッセ友の会・研究会会長の渡辺勝先生の方がよいのではないでしょうか」

と申しましたが、

「あなたにお願いしたい」

ということなので、お受けしました。その少し後で、読売新聞社からも同様の依頼があり、事情を説明して、渡辺先生をご紹介しました。渡辺先生は快く引き受けてくれました。追悼文は、ともに一九九八年三月十二日の全国版に掲載されました。

東洋大学に勤めてから、Volker Michels 編 Hermann Hesse "Schmetterlinge" を見つけて、こ

れは私が訳さなければならないと思いました。そして一九八四年、朝日出版社から、ヘルマン・ヘッセ『蝶』として刊行しました。これがヘッセの作品を翻訳した最初です。『少年の日の思い出』の初稿『クジャクヤママユ』も入っており、私の念願の本でした。原本の蝶や蛾の図版を内容にふさわしく変更しました。この本は、岩波同時代ライブラリー百冊記念としても刊行されました。

一九九一年、日本昆虫協会を設立し、これを記念して会長の奥本大三郎さんと共著で草思社から『楽しい昆虫採集』を出しました。これが好評でその姉妹編『楽しい昆虫の飼育』を頼まれ、引き受けたのですが、これは個人では書けず、体調不良もあったので、お詫びしてお断りし、その代わりに、『蝶』の返礼として編者Volker Michelsからいただいた数冊のヘッセ詩文集の中の一冊、"Mit der Reif wird man immer jünger"の訳稿を編集者にお見せし、出していただけることになりました。これが一九九五年に出版された『人は成熟するにつれて若くなる』で、「老い」や「死」をテーマとするヘッセ最晩年の詩文集です。偶然に、『老いの楽しみ』や『大往生』などの刊行と重なり、ベストセラーになりました。翌年出した『庭仕事の愉しみ』も、幸いに園芸書ブームと重なってベストセラーになりました。エンターテインメント以外の海外文学がまったく売れない時期でしたので、さすがヘッセの魅力はすごいと驚きました。またこれが、「ヘッセ研究会・友の会」の書簡集や全集刊行のお役に立ったということを伺って、大変うれしく思いました。

ヘッセの作品集四冊目の翻訳は、ヘッセと親交のあった四反田五郎氏からぜひ訳してほしいというご依頼もあって、"Tessin"を訳しました。私は、タイトルを『私の選んだ故郷テッスィーン』としたかったのですが、出版社の希望で、『わが心の故郷 アルプス南麓の村』となりました。続いて、『色彩の魔術』(岩波書店)『愛することができる人は幸せだ』『地獄は克服できる』『わがままは最高の美徳』『ヘッセの読書術』(以上、草思社)『老年の価値』(朝日出版社)など、フォルカー・ミヒェルス編の詩文集を訳しました。そのほか、『シッダールタ』と『少年の日の思い出―ヘッセ青春小説集』(草思社)を訳しました。

前述の『蝶』を具現化した「ヘッセ昆虫展」は、わが国の一都一府十二県三十三会場で公開され、海外でもドイツやスイスのヘッセ記念館で公開されて、好評を博しましたが、これについては、「会報十六号」(二〇一〇年)と「会報十九号」(二〇一三年)に報告しましたので省略いたします。

最後に尾崎喜八先生についてお話しします。尾崎先生は、白樺派の詩人として出発しましたが、山岳、動物、植物、鉱物、天文、気象、古典音楽などに精通された方で、独自の詩風を確立されました。独学でドイツ語とフランス語を習得され、ヘッセやロマン・ロランと文通をされました。ヘッセ、リルケ、ロラン、デュアメル等の翻訳者としても著名でした。三笠書房の『ヘッセ全集』に相良守峯先生、手塚富雄先生、国松孝二先生と並んで監修者になられたことはご存知と思います。私は中学生のとき一度お会いしただけですが、大変大きな影響を受けました。

亡くなられたあと、奥様やお嬢様やお孫さんと親しくしていただきました。

先年、岩崎英二郎先生から、

「あなたが持っていたほうがよい」

と「ヘルマン・ヘッセと日本」という小冊子をいただきました。これは三笠書房の『ヘルマン・ヘッセ全集』の編集者清田昌弘氏による『全集』編集の裏話で、関係者の名前がすべて別名で書かれています。この書の山崎嘉六（尾崎喜八）訪問のくだりを、許可を取って蠟梅忌（尾崎喜八忌、二月第一土曜日）に集まった方々に紹介したところ、感銘深く聴いてくださいました。一昨年の秋、尾崎榮子さんから、

「ヘッセ全集完結を記念して展覧会をするので貸してほしいと言われ、父が三笠書房にヘッセからの手紙や資料などを貸したところが、コピーだけしか返却されず、実物は返ってこなかった。清田さんがなにかご存じではないでしょうか」

とお尋ねがありました。清田さんに連絡すると、

「わからないと思うが、なつかしいのでお会いしたい」

ということで、鎌倉山ノ内の「笛」という喫茶店で会うことになりました。榮子さんは息子さんに車いすを押されて、清田さんは奥様に付き添われてお見えになりました。結局、手紙や資料の所在はわかりませんでしたが、話し合いは和やかに進み、お二人とも満足されたようでした。榮子さんは、昨年の三月に九十歳で亡くなられました。七月十七日に、尾崎先生の墓が

ある明月院で納骨式があり、「鉢ノ木」で偲ぶ会がありました。

「ヘルマン・ヘッセ友の会報」No.22　二〇一七年

あとがき

同人誌「未定」は、一九五四年に創刊され、私は学生時代、三号から同人に加えていただいたが、七号まで何も発表できなかった。学生結婚をしていて、アルバイト等に忙殺されていたためである。その後三十七年間も休刊されていたが、一九九七年、矢川澄子さんの提案で、「澁澤龍彦没後十年を記念して八号を出そう」ということになり、復刊された。その時初めて執筆したのが「欧州旅行の思い出から『ヴェニスに死す』」であり、本書には「トーマス・マン」として収められている。十三号から、「忘れえぬ人びと」の連載をはじめ、①「磐瀬太郎先生」、②「尾崎喜八先生」、③「高橋健二先生」、④「丸谷才一先生」、⑤「米長邦雄さん」、⑥「長谷川仁さん」と続き、昨年八十歳になって書いたのが、⑦「北杜夫さん」である。これに、やはり「未定」に書いた追悼文、「矢川澄子さんと多田智満子さん」「児玉清さん」「岩淵達治先生」を加え、さらに前述のトーマス・マンをはじめ、リルケとカロッサ、ジャン・コクトーなど、私の敬愛する西欧の詩人・作家の文も加えて、『忘れえぬ人びと』第一部とした。

また、長年『蝶』『人は成熟するにつれて若くなる』『庭仕事の愉しみ』『老年の価値』『わがままは最高の美徳』などヘルマン・ヘッセの詩文集（フォルカー・ミヒェルス編）や作品『シッダールタ』や、『美しきかな 青春』『秋の徒歩旅行』『少年の日の思い出』等々の短編の翻訳に携わってきて、その間に新聞や雑誌に発表したヘッセ関係のエッセイの中から数編を選んで、第二部とした。

通読してみると、いくつかのタイトルの文に同じような表現の重複があって気になり、何とかしたいと思ったが、それぞれの文を独立のものと考えると必要なものなので、そのままにさせていただいた。お許しいただければ幸いである。また、ヴィーン（ウィーン）、ミュンヒェン（ミュンヘン）、ツューリヒ（チューリヒ）、ナツィス（ナチス）など、地名・固有名詞等を標準語の発音に近い表記にしていることをご了解いただきたい。

本書の刊行を快諾してくれた朝日出版社の原雅久社長には衷心から感謝の意を表する。編集者、仁藤輝夫氏、藤川恵理奈さんには大変お世話になった。厚くお礼を申し上げたい。

二〇一七年六月十三日

岡田朝雄

岡田朝雄

1935年、東京生まれ。ドイツ文学者。東洋大学名誉教授。

著書に『ドイツ文学案内』(共著　朝日出版社)、『楽しい昆虫採集』(共著、草思社)、訳書にヘッセ『蝶』『老年の価値』(朝日出版社)、『人は成熟するにつれて若くなる』『庭仕事の愉しみ』『シッダールタ』(草思社)、F・シュナック『蝶の生活』(岩波文庫）などがある。

忘れえぬ人びと

2017年7月25日　初版第1刷発行

著　者　岡田朝雄
発行者　原　雅久
発行所　株式会社朝日出版社
〒101-0065
東京都千代田区西神田3-3-5
電話 03-3263-3321（代表）
http://www.asahipress.com
印刷・製本　凸版印刷株式会社

ISBN 978-4-255-01010-6 C0095